Rolf Tönnes

Gitarre spielen – mein schönstes Hobby
Band 1

Die moderne Gitarrenschule
für Jugendliche und Erwachsene

ED 9475D

www.schott-music.com

Mainz · London · Madrid · Paris · New York · Tokyo · Beijing

Inhalt

LEKTION 7

LEKTION 8

SPIELSTÜCKE

SPIELSTÜCKE FÜR BESONDERE ANLÄSSE

EINE GANZ KLEINE MUSIKLEHRE

GRIFFTABELLE

Audio-Dateien können unter **www.schott-music.com/online-material** mit diesem Gutscheincode gratis heruntergeladen werden: **wLPZVG3h**

Die Audio-Aufnahmen sind als CD unter der Bestellnummer T5052 auf unserer Website schott-music.com oder im Buch- und Musikalienhandel erhältlich.

ED 9475D
ISMN 979-0-001-20797-3
ISBN 978-3-7957-1783-4

Arrangements: Rolf Tönnes. Kompositionen: Rolf Tönnes, soweit nicht anders angegeben
Fotos: Schmitz & Hartmann, Köln. Layout: www.bbruemmer.de
Printed in Germany · BSS 59588 · www.schott-music.com

LEKTION 1

Die Gitarre

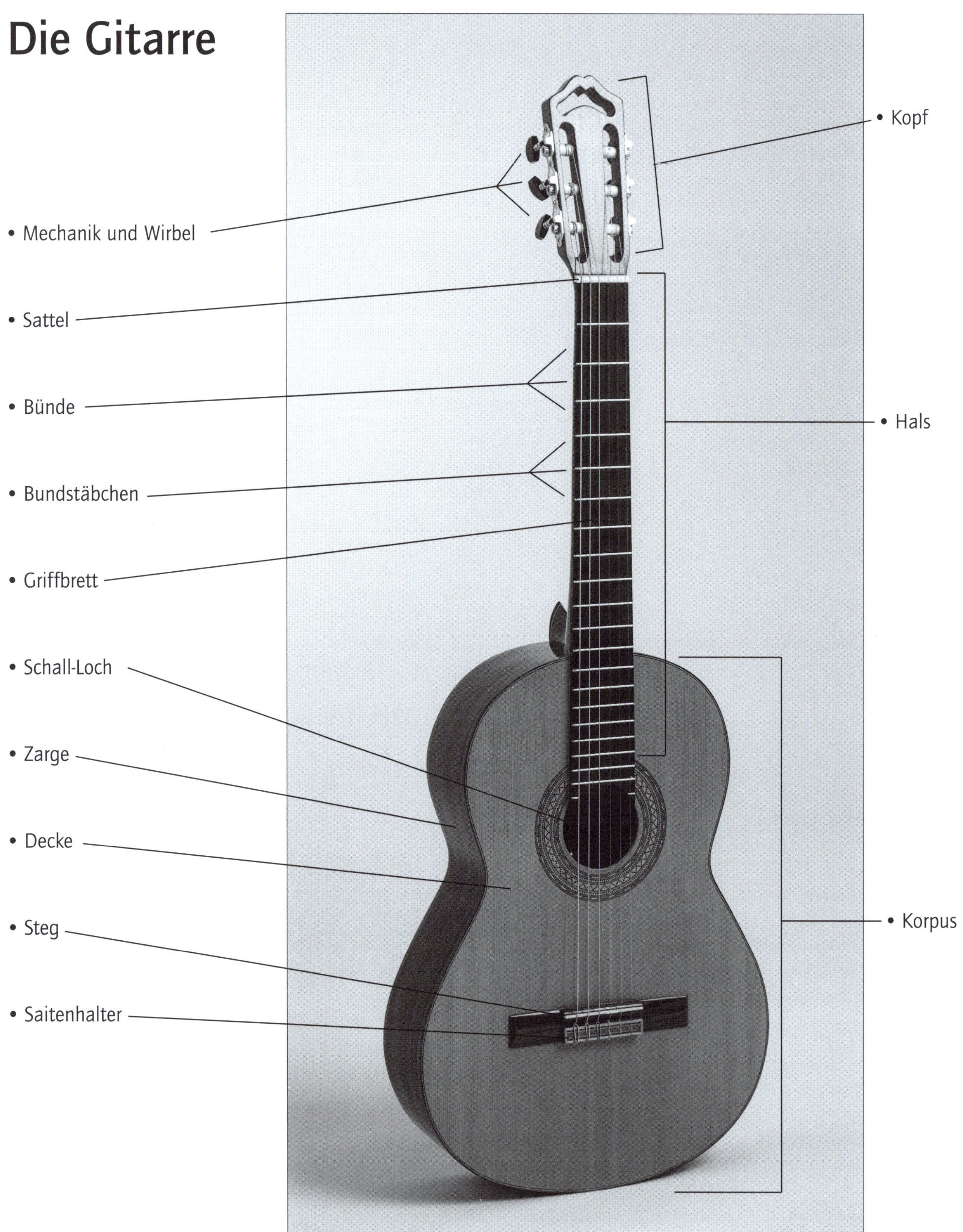

Haltung der Gitarre

Eine Gitarre kannst du im Sitzen auf zwei Arten halten. Jede Haltung hat ihre speziellen Vorteile, was du im Laufe der Zeit bemerken wirst.

Mit Fußbänkchen

Klassische Haltung

Das linke Bein steht auf einem Fußbänkchen, das du in der Höhe verstellen kannst. Stell die Höhe so ein, dass dein linker Oberschenkel leicht nach oben weist, wenn dein Fuß auf dem Bänkchen steht.
Die Einbuchtung der Gitarre liegt auf dem linken Oberschenkel, die untere Seite der Gitarre liegt am rechten Oberschenkel an und stützt die Gitarre seitlich ab.
Der obere Teil des Gitarren-Korpus lehnt leicht an der Brust. Der rechte Unterarm liegt auf der unteren Seitenwölbung der Gitarre. Balanciere die Gitarre so aus, dass du mit dem rechten Arm keinen zu großen Druck auf die Gitarre ausüben musst, um sie stabil zu halten. Das Kopfende der Gitarre befindet sich ungefähr in Augenhöhe. Nun solltest du die Gitarre bequem halten können, ohne die linke Hand zu Hilfe nehmen zu müssen.

Ohne Fußbänkchen

Moderne Haltung

Bei dieser Haltung liegt die Einbuchtung der Gitarre auf dem rechten Oberschenkel. Sonst unterscheidet sich diese Haltung nicht sehr von der klassischen Haltung. Auch hier liegt der rechte Unterarm auf der unteren Seitenwölbung der Gitarre. Der obere Teil des Gitarren-Korpus lehnt ebenfalls leicht an der Brust und sorgt so für zusätzlichen Halt.

Falls dir eine der Positionen mal unbequem werden sollte, wechsel einfach in die andere Sitzposition.

Die Gitarrensaiten

Die Gitarre hat sechs Saiten. Die einzelnen Leersaiten heißen:

tiefe E-Saite A-Saite d-Saite g-Saite h-Saite e'-Saite

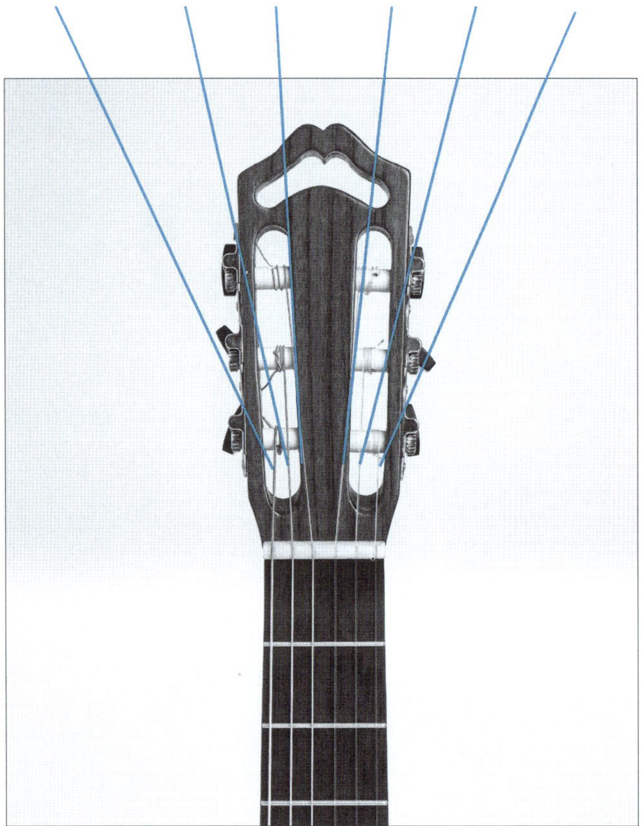

Diese sechs Saiten entsprechen auf einer Klaviertastatur folgenden Tönen:

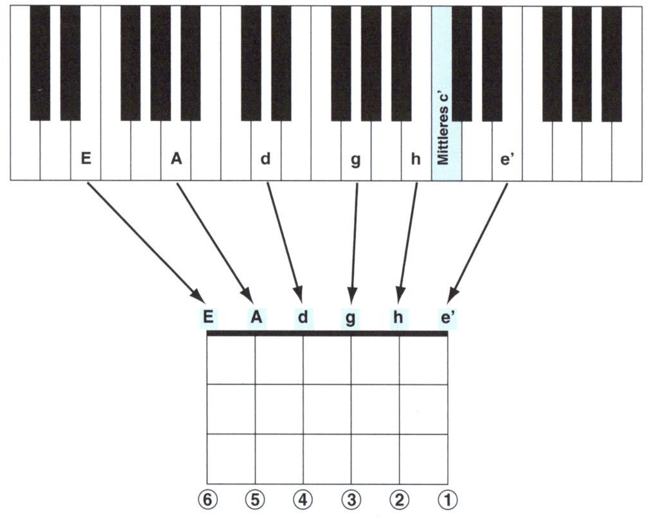

> Du kannst dir die Saitennamen gut einprägen, wenn du dir die Anfangsbuchstaben der einzelnen Wörter dieses Satzes merkst.
>
> Eine alte Dame ging Heringe essen
>
> ⑥ ⑤ ④ ③ ② ①

Gitarre stimmen

Die gängige Methode, eine Gitarre zu stimmen, ist für den Anfänger nicht ganz einfach, man kann es aber lernen. Du musst es jedoch immer wieder probieren. Hier eine kurze Erklärung:

1. Drück mit einem Finger die umsponnene tiefe E-Saite im 5. Bund herunter und schlag die Saite an.
2. Die leere A-Saite sollte nun die gleiche Tonhöhe besitzen wie die oben gedrückte E-Saite im 5. Bund.
   Falls die A-Saite zu tief oder hoch sein sollte, dreh die Wirbel der Mechanik, bis die Tonhöhe stimmt.
3. Wiederhole diese Methode mit der A-, d- und g-Saite.
4. Die h-Saite wird nach dem 4. Bund der g-Saite gestimmt.
5. Die e'-Saite wird wieder nach dem 5. Bund der h-Saite gestimmt.

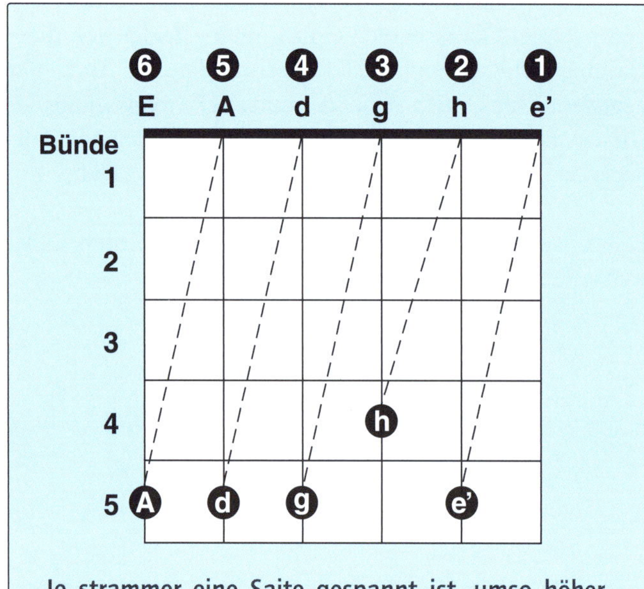

Je strammer eine Saite gespannt ist, umso höher klingt sie.

Stimmtöne Track 96 - 101

Du kannst die Gitarre auch mit Hilfe der Stimmtöne stimmen. Jede Saite erklingt mehrere Male hintereinander. Du kannst dir auch eine App mit einem Stimmgerät für dein Mobiltelefon herunterladen. Gib als Suchbegriff „Tuner" ein.

Dreh die zu stimmende Saite zunächst ein wenig tiefer. Spiel den Track mit dem entsprechenden Stimmton ab und dreh deine Saite langsam höher, bis sie genau so hoch klingt wie die Saite im Hörbeispiel.

Der Daumenanschlag

Wir schlagen die einzelnen Saiten zunächst nur mit dem Daumen an. Später nehmen wir auch die anderen Finger hinzu.
Für den Daumenanschlag stützen wir Zeigefinger, Mittel- und Ringfinger auf der hohen e'-Saite ab.

Zeige-, Mittel- und Ringfinger ruhen auf der e'-Saite.

Nach dem Anschlag bleibt der Daumen frei in der Luft.

Schlag abwechselnd die d-, g- und h-Saite ein paar Mal mit dem Daumen an. Der Daumen macht eine kreisförmige Bewegung und soll dabei nicht eingeknickt werden. Zeige-, Mittel- und Ringfinger bleiben auf der e'-Saite liegen.

Die ersten Noten

Musik wird mit Noten aufgeschrieben. Noten kann man mit der Schrift vergleichen, die Wörter und Sätze darstellt. Noten dienen, wie die Schrift auch, der Verständigung, denn jeder Musiker kann diese Noten lesen, egal welche Sprache er spricht.
Noten werden in einem System von fünf Linien notiert. Die Linien haben nichts mit den Gitarrensaiten zu tun.

Die Noten werden zwischen oder auf diesen Notenlinien platziert.

Am Anfang einer Zeile steht der Notenschlüssel. Gitarrenmusik wird im Violinschlüssel notiert, der auch G-Schlüssel heißt.

Je höher eine Note klingt, umso höher wird sie auch notiert.

Der Ton *g* mit Diagramm

Die Note g hast du schon gespielt, es war die g-Saite. Sie liegt auf der zweiten Notenlinie, wobei immer von unten gezählt wird.

Den Ton g kannst du dir leicht merken, denn der Violinschlüssel umschließt die Linie, auf der der Ton g steht. Aus diesem Grund heißt der Schlüssel auch G-Schlüssel.

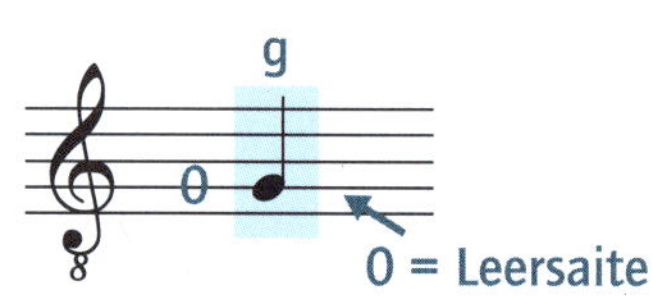

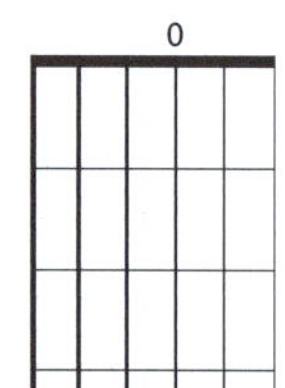

Das Diagramm rechts ist ein Griffbrettausschnitt. Es zeigt dir, auf welcher Saite und in welchem Bund sich ein Ton befindet. Der Ton g auf der Saite wird nicht gegriffen und wird mit 0 bezeichnet.

Notenwerte und Pausen

Viertelnote

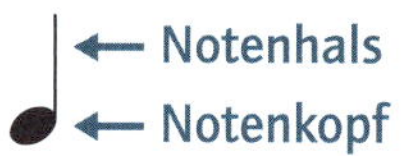

Eine Note besteht aus einem Notenkopf und einem Notenhals.
Der Kopf einer Viertelnote ist ausgefüllt.
Noten bestimmen nicht nur die Tonhöhe, sondern auch die zeitliche Einteilung. Eine Viertelnote hat die Dauer eines Schlages.

Track 1

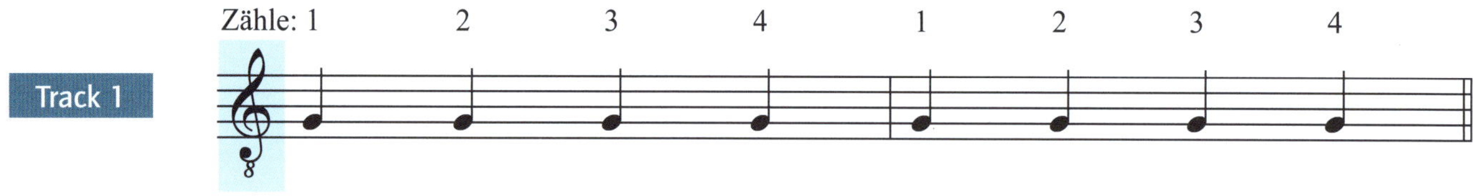

Viertelpause

Bei einer Viertelpause herrscht für einen Schlag lang Stille.

Track 2

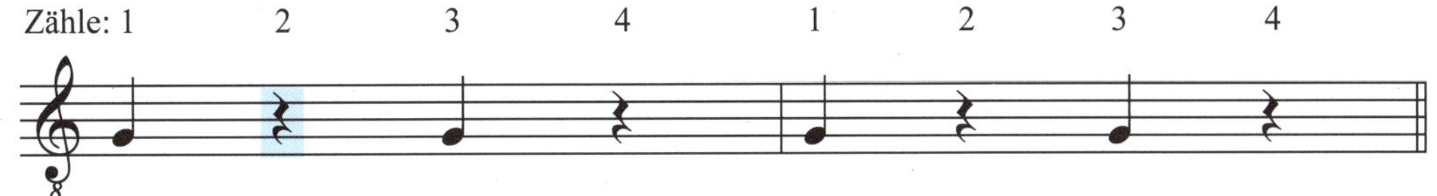

Pausen werden durch Auflegen des Daumens auf die Saite erzielt.

Die *Lage* des Notenkopfes bestimmt die Tonhöhe. Das *Aussehen* der Note sagt etwas über ihre Dauer aus.

Halbe Note und halbe Pause

Eine halbe Note hat die Dauer von zwei Schlägen. Der Kopf der halben Note ist offen.

Bei einer halben Pause herrscht zwei Schläge lang Stille.

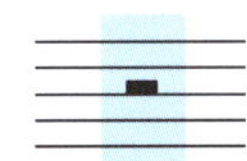

Track 3

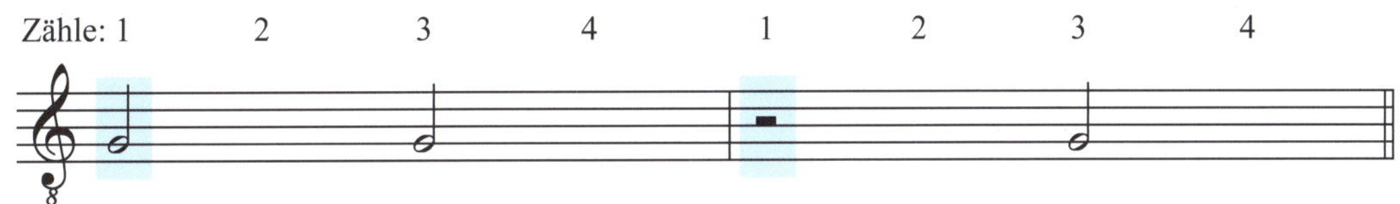

Ganze Note und ganze Pause

Eine ganze Note hat die Dauer von vier Schlägen. Der Kopf der ganzen Note ist auch offen, sie besitzt aber keinen Hals.

Bei einer ganzen Pause herrscht für einen Takt (siehe unten) lang Stille. Verwechsel die ganze Pause nicht mit der halben Pause. Die halbe Pause „liegt“ auf der dritten Linie, die ganze Pause „hängt“ an der vierten Linie.

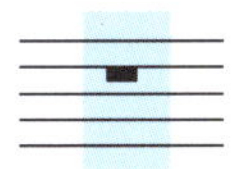

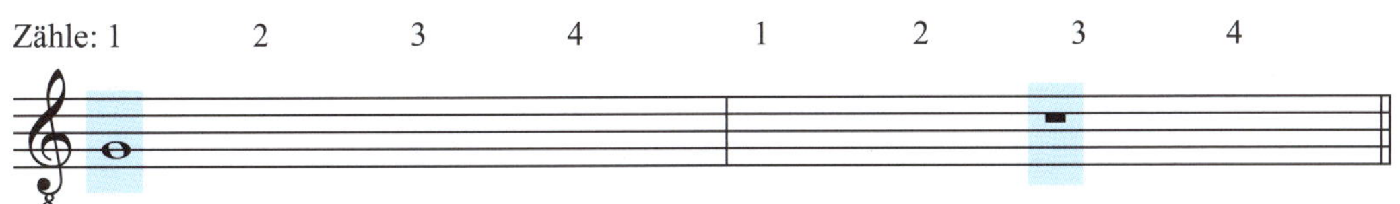

LEKTION 2

Takte

Musikstücke werden in Takte gegliedert. Am Anfang eines Stücks stehen zwei Zahlen, die Auskunft über das Taktmaß geben. Ein Takt wird mit einem Taktstrich abgeschlossen.

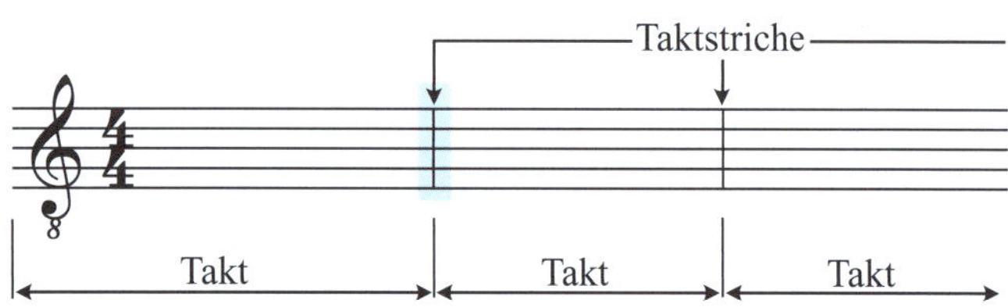

Die obere Zahl besagt, wie viele Schläge ein Takt enthält. Die untere Zahl besagt, welchem Notenwert die Grundschläge entsprechen.

In einen 4/4-Takt passen zum Beispiel vier Viertel-Noten.

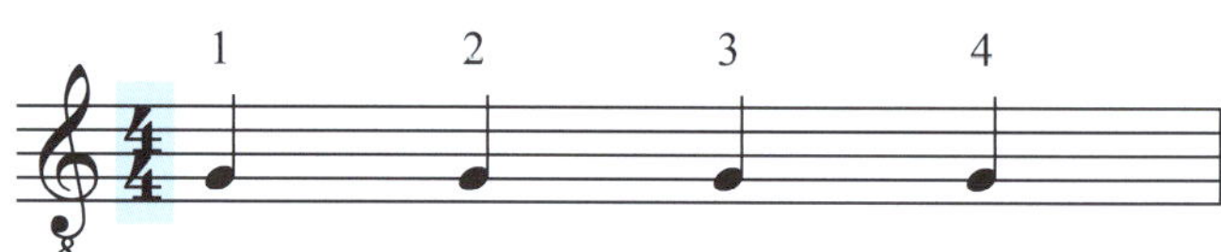

Der 4/4-Takt gehört zu den verbreitetsten Taktarten. Eine weitere wichtige Taktart ist der 3/4-Takt, in dem beispielsweise der Walzer steht.

Der Ton *h*

Der Ton h liegt auf der mittleren Notenlinie.
0 = Die 0 bedeutet, dass die Saite nicht gegriffen gespielt wird. Man nennt das auch Leersaite.

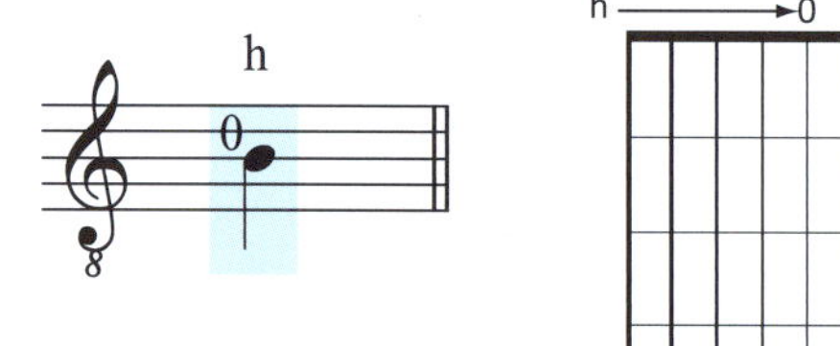

Track 4 ÜBUNG 1

1 2 3 4 1 2 3 4 1 2 3 4 1 2 3 4

ÜBUNG 2

Greifhand

Die Finger der linken Hand werden mit Zahlen bezeichnet.

1 = Zeigefinger 3 = Ringfinger
2 = Mittelfinger 4 = Kleiner Finger

Die Daumenbeere sollte sich etwa auf der gegenüberliegenden Seite des Halses in der Höhe des Mittelfingers befinden. Die Daumenbeere liegt flach auf der Griffbrettrückseite.
Die Finger sollen sich immer möglichst nah über den Saiten befinden.

richtig

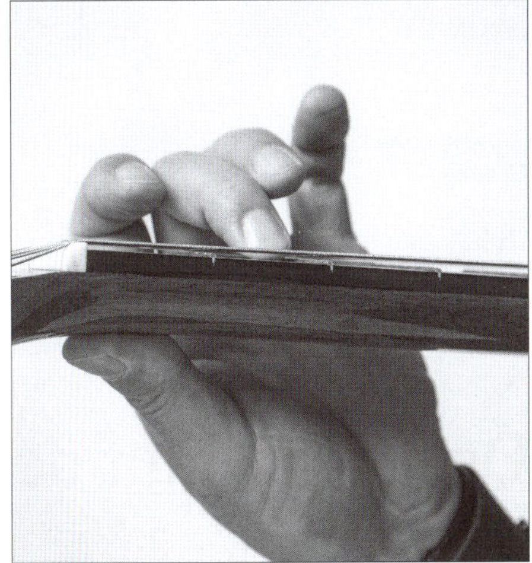

falsch

Handrücken raus

Die Greifhand soll beim Spielen immer ein wenig nach innen eingenickt sein, so dass der Handrücken (siehe Pfeil) ein wenig nach außen steht.
Versuch, diese Position locker und spannungsfrei zu erreichen!

richtig

falsch

Der Ton *a*

Der Ton a liegt auf der g-Saite im zweiten Bund. Er wird mit dem Mittelfinger (2) gegriffen. Leersaiten werden mit einer Null (0) gekennzeichnet, da sie nicht gegriffen werden.

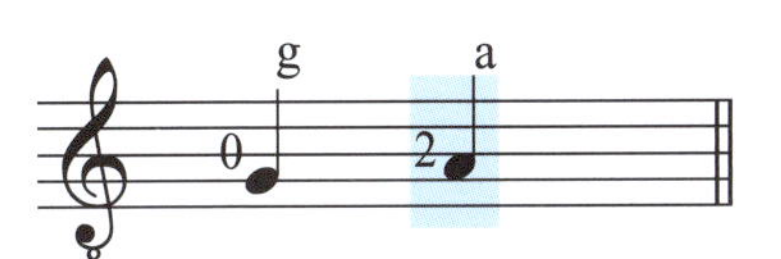

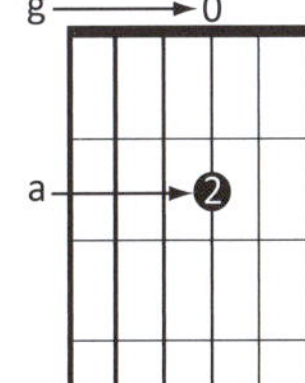

Track 6

Der Ton *c*

Der Ton c liegt auf der h-Saite im ersten Bund. Er wird mit dem Zeigefinger (1) gegriffen.

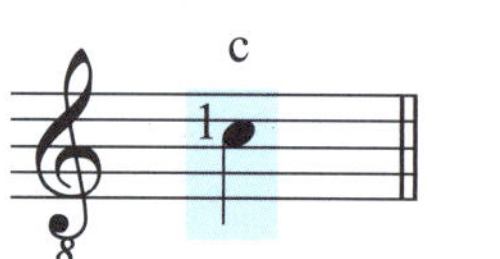

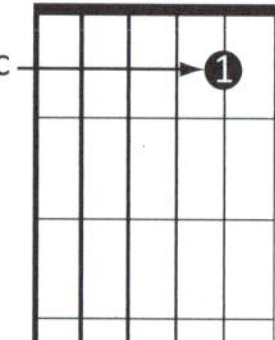

Track 7

ÜBUNG 1

Track 8

ÜBUNG 2

Der Ton *d* (auf der *h*-Saite)

Der Ton d liegt auf der h-Saite im dritten Bund.
Er wird mit dem Ringfinger (3) gegriffen.

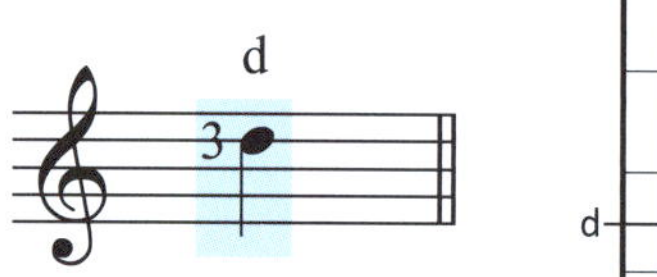

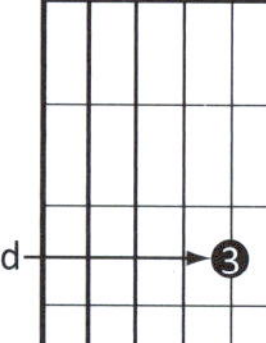

ÜBUNG 1

ÜBUNG 2

FAUSTREGEL FÜR DEN ANFANG

Der Zeigefinger (1) greift beim Melodiespiel alle Töne, die im 1. Bund gespielt werden.
Der Mittelfinger (2) greift beim Melodiespiel alle Töne, die im 2. Bund gespielt werden.
Der Ringfinger (3) greift beim Melodiespiel alle Töne, die im 3. Bund gespielt werden.

Übe schwierige Stellen taktweise und wiederhole sie. Wichtig ist es, die Stücke langsam zu üben. Das Tempo der Tracks ist nicht das Übetempo!

Track 9

First Song

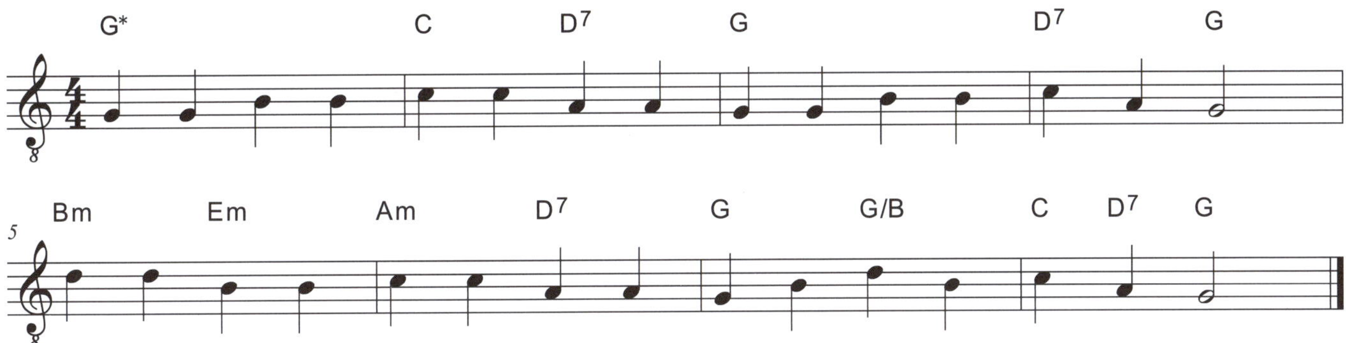

* Lehrerstimme und Begleitstimme befinden sich in den Audio-Aufnahmen.

Atte katte Nuwa

Traditional

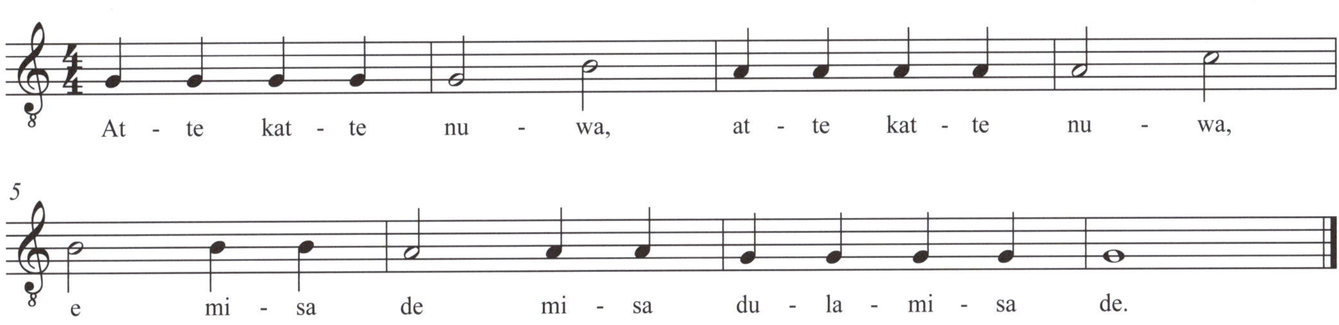

Die Achtelnote ♪

Eine Achtelnote ist doppelt so schnell wie eine Viertelnote. Achtelnoten werden mit Balken verbunden oder besitzen ein Fähnchen: 

Achtelnoten zwischen den Zählzeiten werden mit „und" gezählt. Mehrere aufeinander folgende Achtelnoten werden wegen der besseren Lesbarkeit mit einem Balken verbunden.

Track 10

Das Wiederholungszeichen

Am Wiederholungszeichen :‖ erkennst du, dass der Abschnitt zweimal gespielt werden soll.

Track 11 Gothic Theme

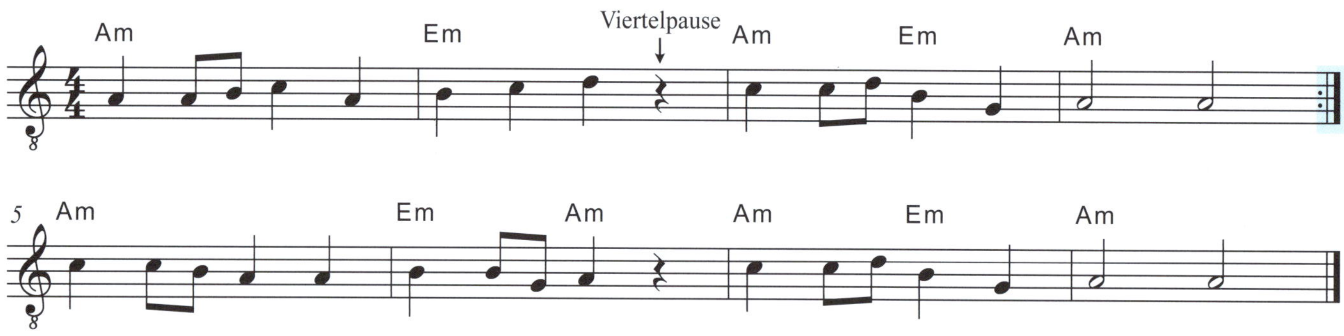

Track 12 Seesaw Dance

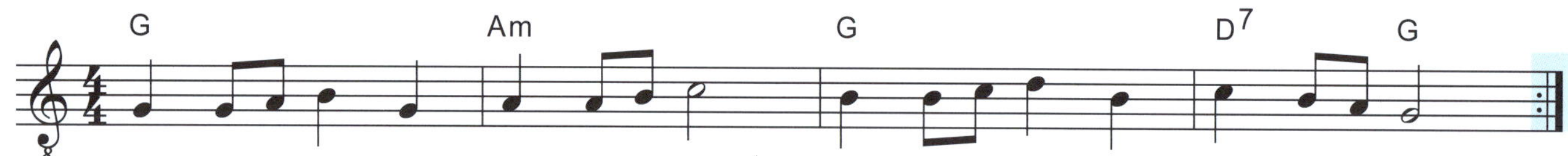

Track 13 Sakura

Track 14 Jingle Bells

James Pierpont

Track 15 Gubben Noak

Traditional

Noten auf der d-Saite

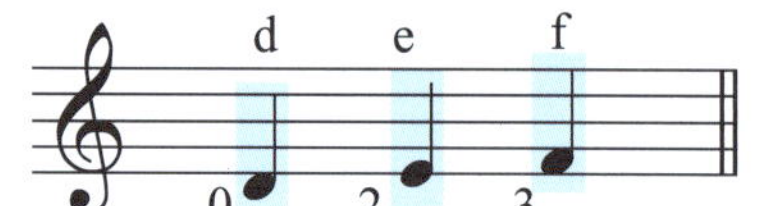

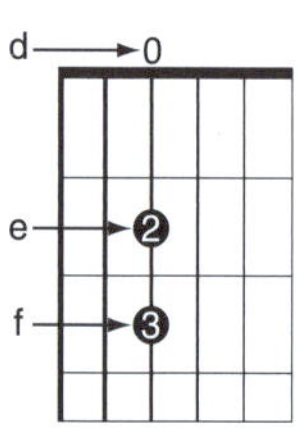

Die Bewegung zwischen dem 2. und 3. Finger ist schwer auszuführen.
Wiederhole die Übung einige Male, das verbessert die Geläufigkeit!

Track 16 Iron Core

Track 17 So leicht

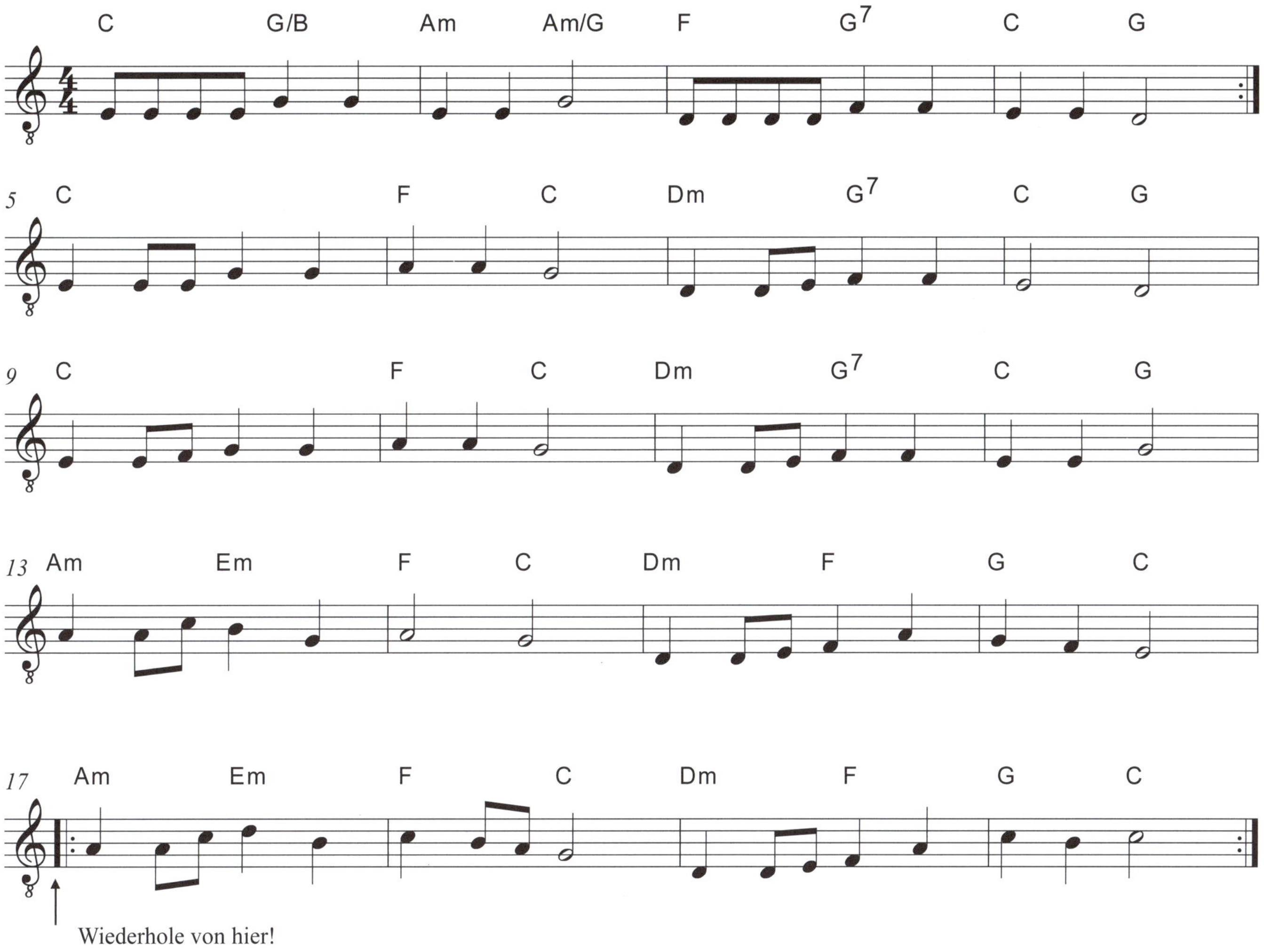

C G/B Am Am/G F G7 C G
5 C F C Dm G7 C G
9 C F C Dm G7 C G
13 Am Em F C Dm F G C
17 Am Em F C Dm F G C
Wiederhole von hier!

Kenne ich alle Töne?

Benenn alle Töne, die wir bisher auf der d-, g-, und h-Saite kennen, schreib sie über die Noten und spiele jeden Ton.

d, g, h-Saite

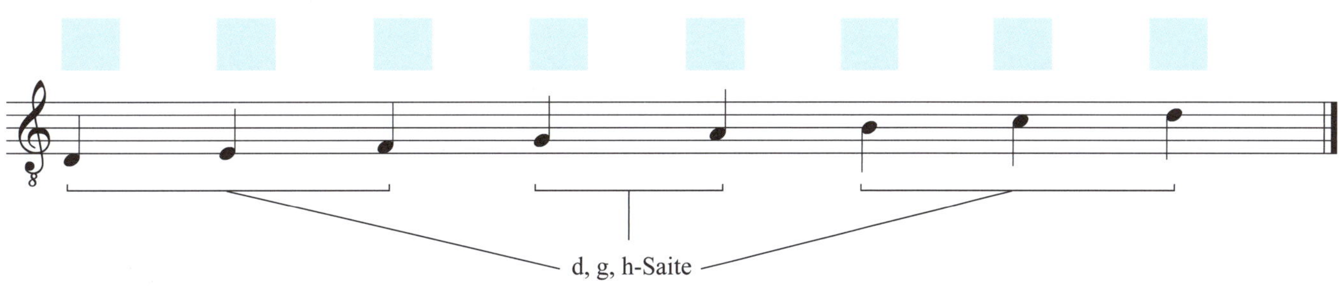

Auftakt

Viele Musikstücke beginnen mit einem unvollständigen Takt. Solch ein Takt heißt Auftakt. Der Auftakt ergibt zusammen mit dem Schlusstakt einen vollständigen Takt.

Liedbeispiele

Oh when the | saints
(1) 2 3 4 | 1 2 3 4 | ...
└ Auftakt ┘

La - ter - ne, La - ter - ne ...
(1 2 3) 4 | 1 2 3 4 | (1 2 3)
Auftakt

He's got the | whole world |
(1 2 3) + 4 + | 1 2 3 + 4 | ...
└ Auftakt ┘

Track 18 After Me

LEKTION 3

Akkorde

Mit Akkorden begleitet man Lieder. Bei Akkorden klingen mindesten drei verschiedene Töne gleichzeitig. Grundsätzlich unterscheiden wir zwischen Dur- und Moll-Akkorden. Akkorde werden mit Großbuchstaben bezeichnet. Moll-Akkorde erkennst du an einem kleinen „m". Dies ist der A-Moll-Akkord:

Die Zahlen beziehen sich auf die Finger der linken Hand (siehe Seite 11).

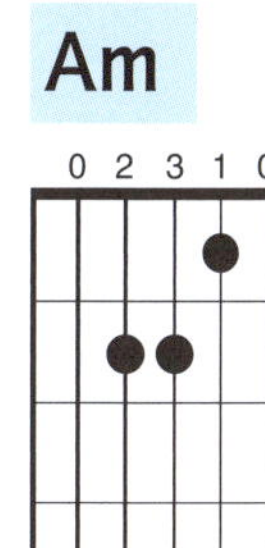

Dies ist der E-Dur-Akkord. Die Stellung der Finger bleibt gleich, es wechseln alle Finger bloß um eine Saite.

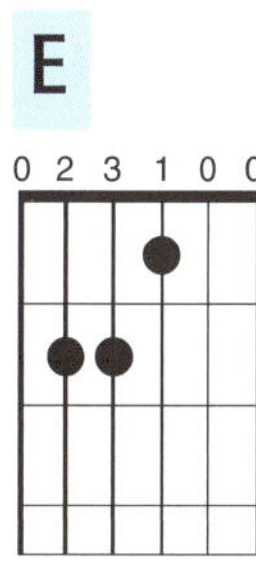

Achte darauf, dass deine Finger senkrecht aufsetzen, damit die benachbarten Saiten nicht berührt werden und frei schwingen können. Streiche die Saiten mit dem Daumen der rechten Hand durch, so kannst du hören, ob die Saiten frei schwingen. Es ist zwar am Anfang nicht so leicht, die Saiten „sauber" herunterzudrücken, doch es wird dir sicher bald gelingen.

TIPP

Lange Fingernägel können dich beim Greifen behindern. Schneide sie dir deshalb regelmäßig kurz.

Das Akkordspiel ist schwierig, weil mehrere Finger gleichzeitig greifen. Es gelingt kaum jemandem, sofort saubere Akkorde zu spielen. Dennoch sollte man sich nicht abschrecken lassen und immer wieder das Akkordspiel üben. Im Laufe der Zeit wird dein Spiel sicherer, sauberer und der Erfolg hörbar.

Track 19 Akkordwechsel Am – E

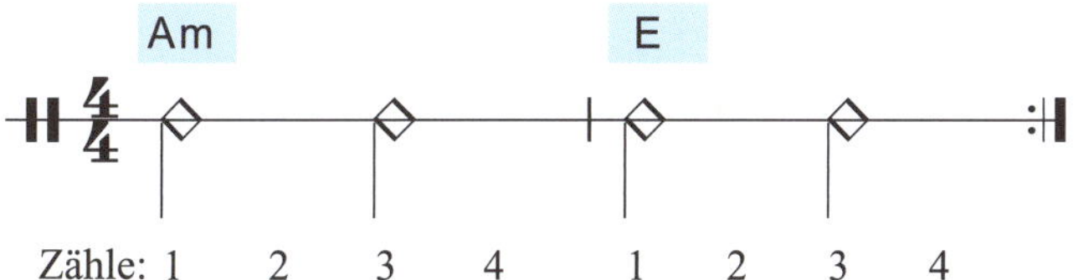

Schlag Am mit dem Daumen der rechten Hand zweimal an. Der Daumen streicht dabei über alle sechs Saiten, von der tiefen E-Saite bis zur hohen e'-Saite.
Wechsel auf E-Dur und schlag den Akkord ebenfalls zweimal an. Zähle dabei jeweils gleichmäßig von 1 bis 4. Deine Akkordanschläge fallen immer auf die Zahlen 1 und 3.

Begleitstimme

Akkorde können nicht nur mit „einem Schlag“ gespielt werden, sondern die Töne können auch einzeln nacheinander angeschlagen werden. Bei dieser Technik wird zuerst der Basston gespielt. Der Basston ist dann meistens mit dem Akkordnamen identisch.

Beispiel:

Akkord	Basston
Am	A
E	E

Hilfslinien

Die Basstöne A und E entsprechen der leeren A- und E-Saite. Da die fünf Linien des Notensystems nicht ausreichen, um alle Töne der Gitarre darstellen zu können, gibt es zusätzlich Hilfslinien. Der Ton A (= leere A-Saite) liegt auf der zweiten Hilfslinie unter dem System.

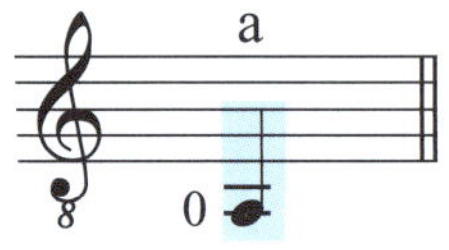

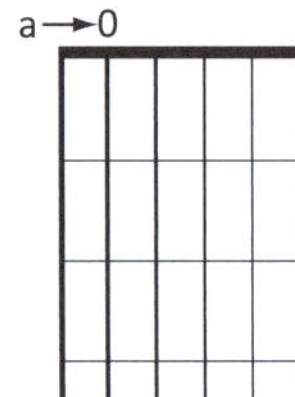

Der Ton E (= leere E-Saite) liegt unter der dritten Hilfslinie.

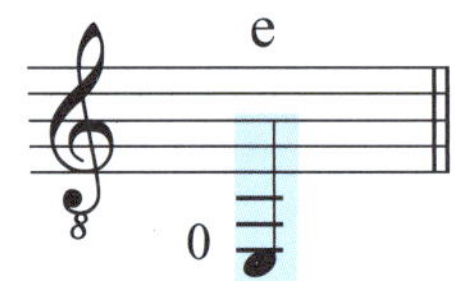

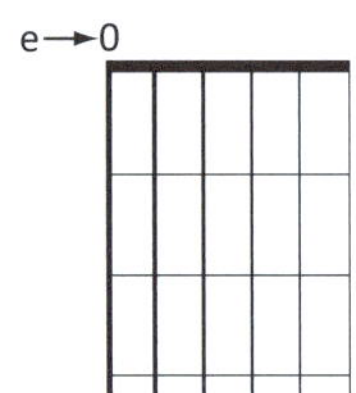

Rhythmus-Patterns

Über jedem Stück steht ein Begleit-Rhythmus, der zu dem Stück gespielt werden kann. „Pattern“ heißt „Muster“. Dieses Rhythmus-Muster bezieht sich auf die rechte Hand (Anschlags-Hand). Der Rhythmus wird während des ganzen Stücks beibehalten. Nur die Akkorde, die mit der linken Hand (Greif-Hand) gegriffen werden, wechseln. Das Rhythmus-Pattern stellt nur eine von vielen Möglichkeiten dar, wie das Lied begleitet werden kann.

Stereo-Kanaltrennung

Die Melodie in der oberen Zeile hörst du auf dem linken Kanal, die Begleitstimme liegt auf dem rechten Kanal. Den Begleit-Rhythmus (= Rhythmus-Pattern) hörst du auf beiden Kanälen.

Rhythmus-Pattern

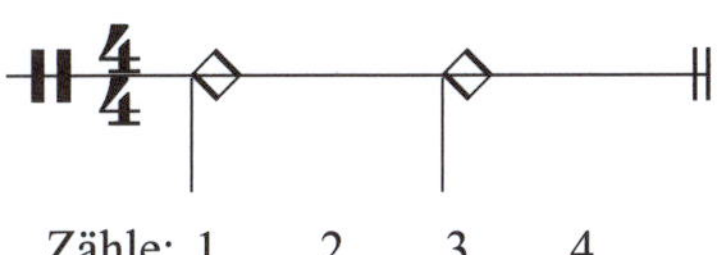

Akkorde in diesem Lied

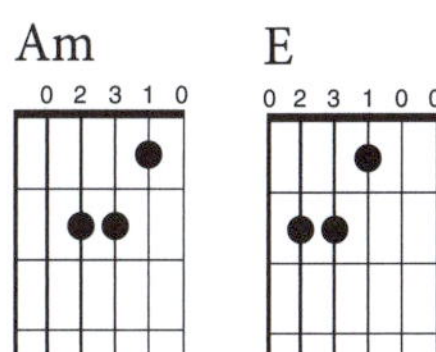

Track 20 Joshua Fit The Battle Of Jericho

Spiritual

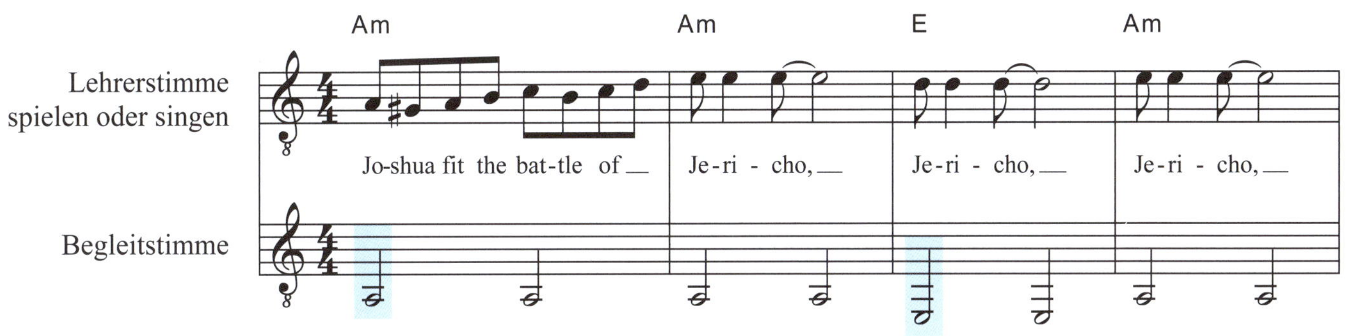

Neuer Akkord: G-Dur

Wir wollen als Erstes eine vereinfachte Griffmöglichkeit des G-Dur-Akkordes kennen lernen. Der 3. Finger (Ringfinger) wird auf den 3. Bund der hohen e'-Saite gelegt. Bei diesem G-Dur-Akkord werden nicht alle sechs Saiten durchgestrichen, sondern nur die Saiten ab der d-Saite.

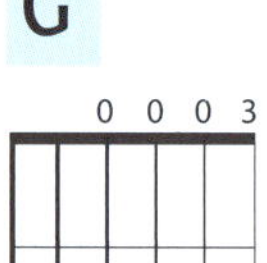

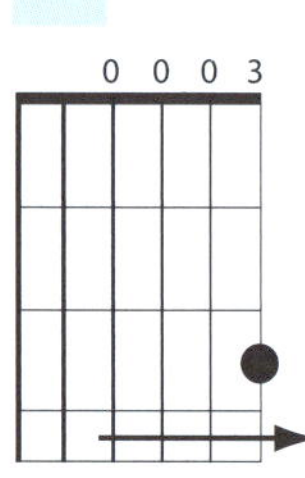

Neuer Akkord: D^7

Beim Wechsel von G-Dur zum D^7-Akkord soll der 3. Finger (Ringfinger) nach Möglichkeit nicht abgesetzt werden. Er rutscht vom dritten in den zweiten Bund. Schlag D^7 auch ab der d-Saite an.

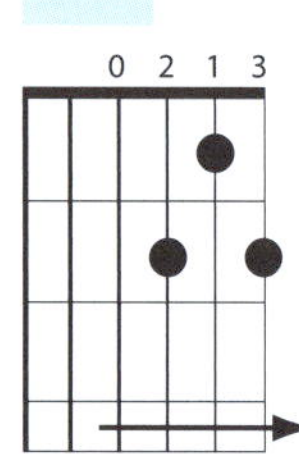

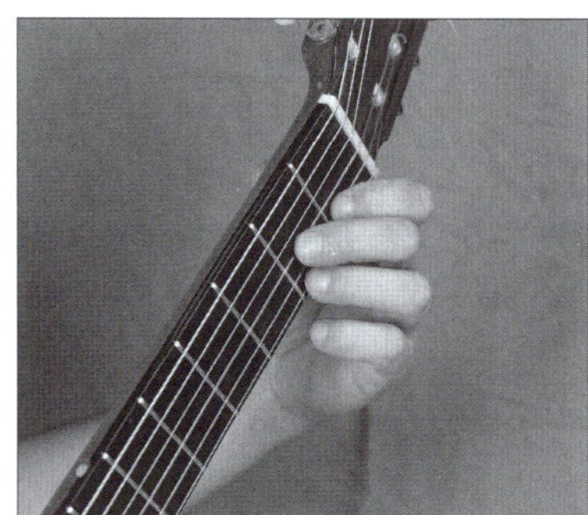

Track 21 Akkordwechsel G – D^7

Spiel abwechselnd einen Takt lang G, einen Takt lang D^7. Zähle gleichmäßig mit – 1, 2, 3, 4 – und schlag die Akkorde jeweils bei 1 und 3 an.

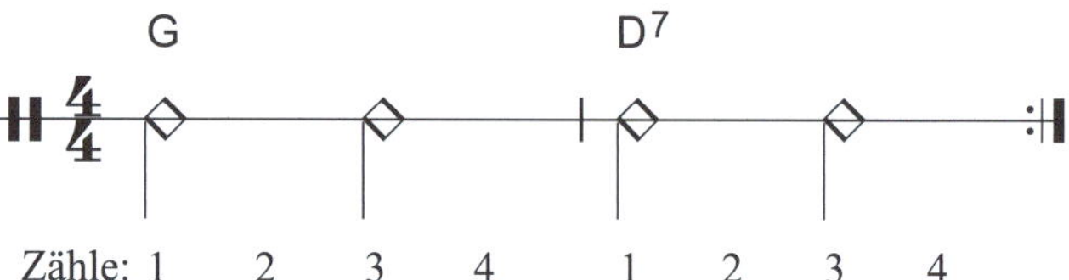

Begleitstimme

Für die Begleitstimme von „Merrily We Roll Along" benötigen wir einen neuen Ton, ein G. Das tiefe G liegt im dritten Bund der tiefen E-Saite. Die Note G befindet sich unter der zweiten Hilfslinie.

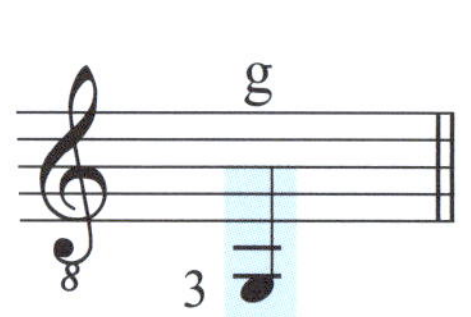

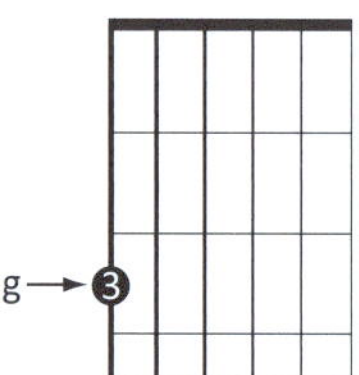

2/4-Takt

„Merrily We Roll Along" steht im 2/4-Takt. Das bedeutet, dass der Takt zwei Grundschläge besitzt, und wir demzufolge nur bis 2 zu zählen brauchen: 1, 2, 1, 2, …

Spiel auch die Melodie, und beachte die Faustregel von Seite 12.

Rhythmus-Pattern

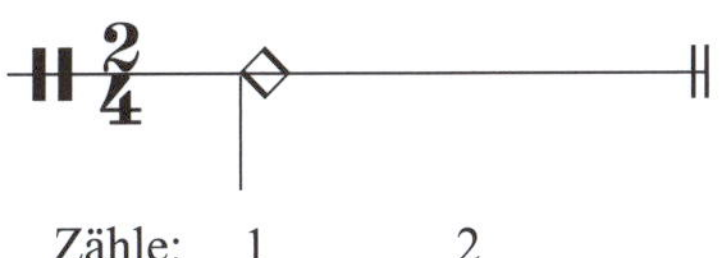

Akkorde in diesem Lied

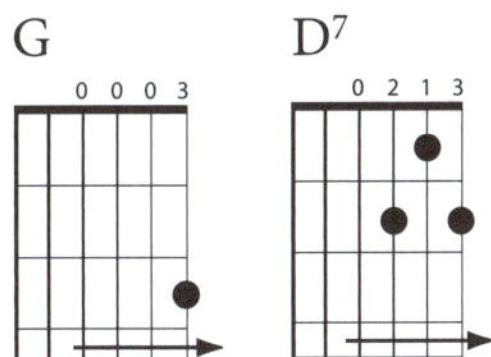

Track 22 Merrily We Roll Along

Traditional

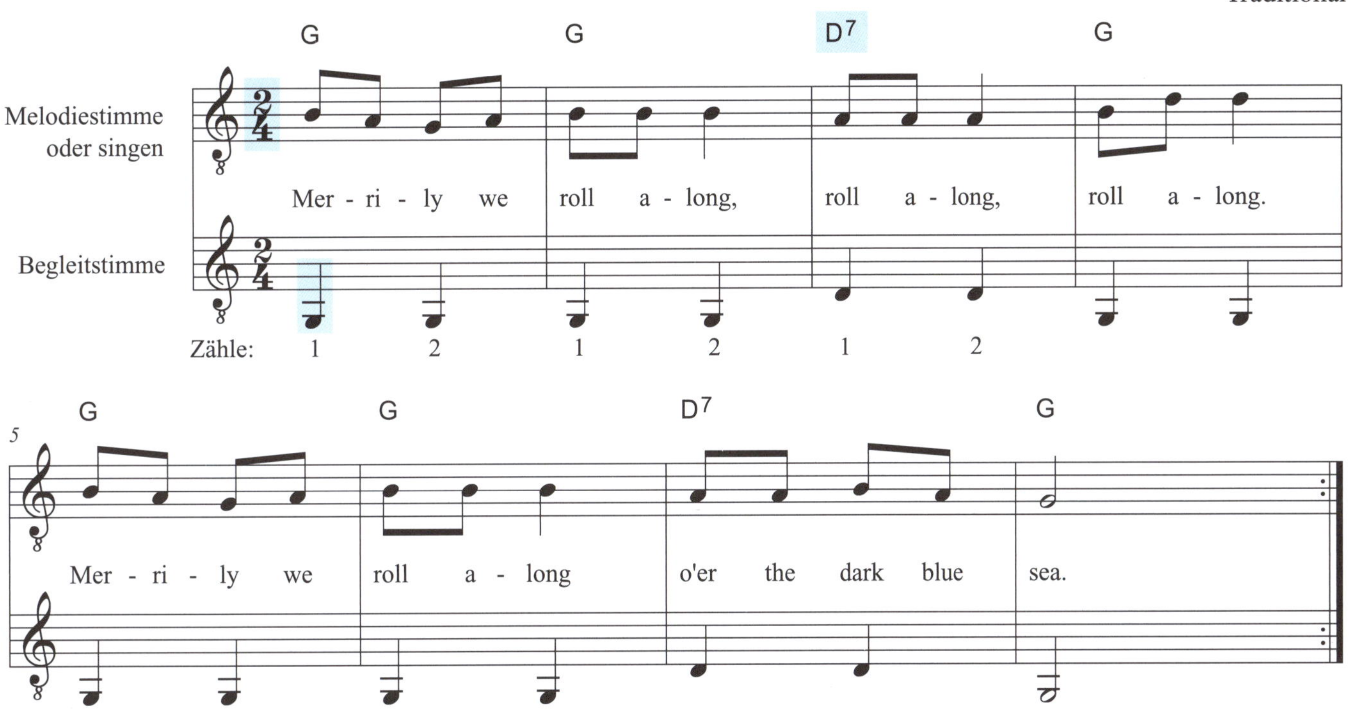

Neuer Akkord: E-Moll

Der Em-Griff ähnelt dem für E-Dur. Für den Em brauchst du nur den Zeigefinger vom Griffbrett zu nehmen.

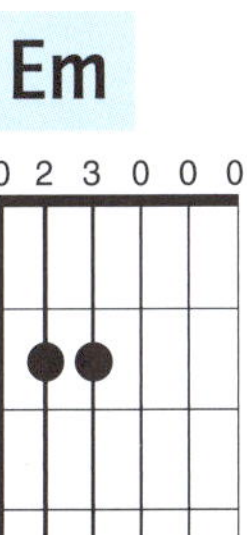

G-Dur

Wir wollen den G-Dur-Akkord „ausbauen". Dazu legen wir zusätzlich zum 3. Finger (Ringfinger) den 2. Finger (Mittelfinger) auf den 3. Bund der tiefen E-Saite. Der Mittelfinger wird bei dir sicher so schräg stehen, dass die A-Saite dadurch abgedämpft wird. Das ist gut so, denn die A-Saite soll auch nicht mitklingen.

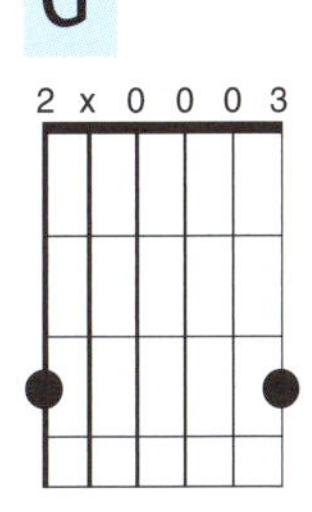

x = Diese Saite wird abgedämpft

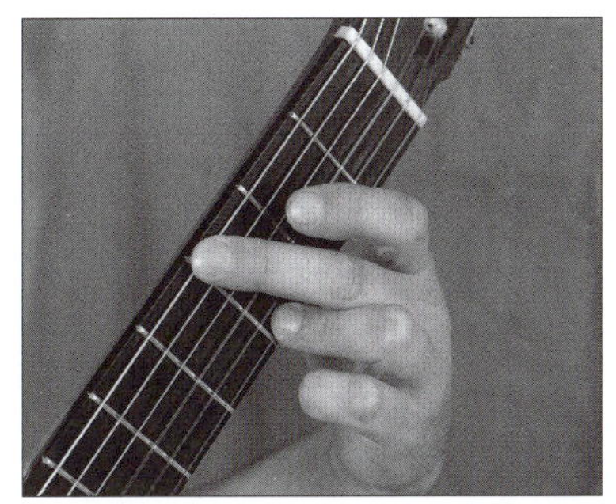

Rhythmus-Pattern

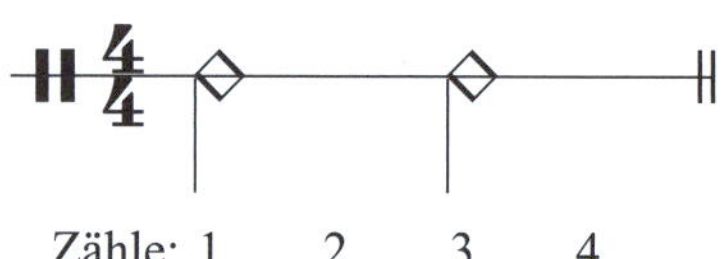

Akkorde in diesem Lied

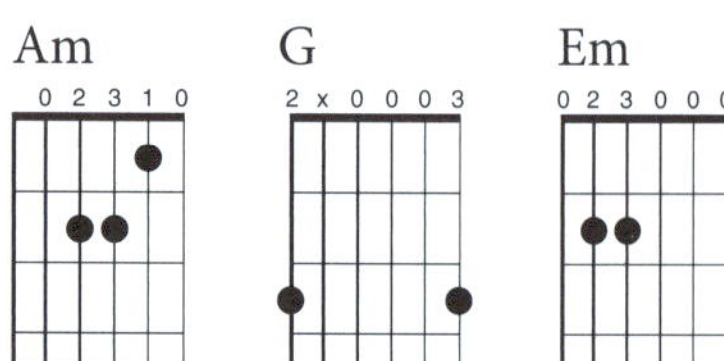

Track 23 What Shall We Do With The Drunken Sailor

Traditional

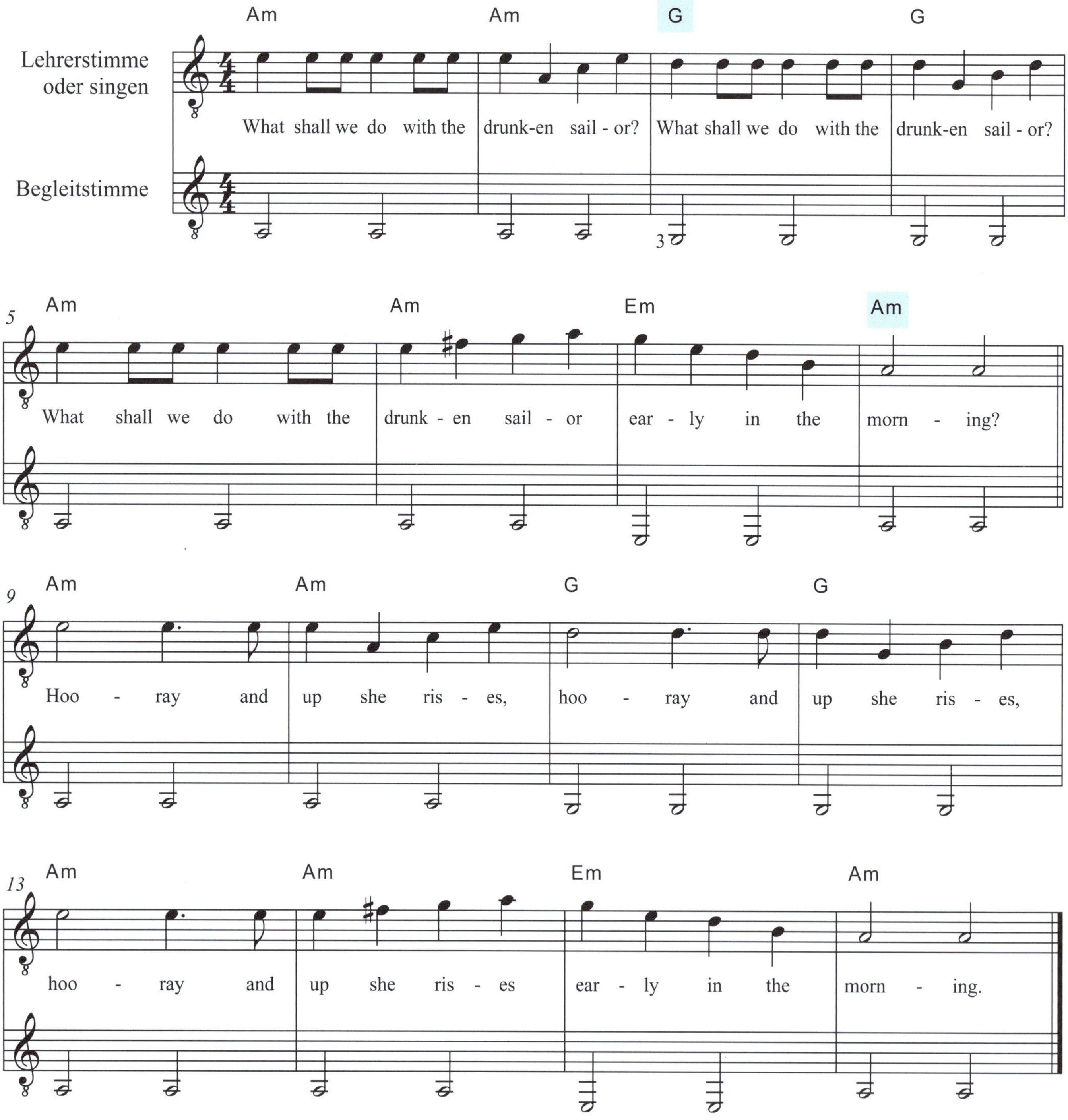

Lehrerstimme oder singen

Begleitstimme

Am | Am | G | G

What shall we do with the | drunk-en sail - or? | What shall we do with the | drunk-en sail - or?

5 Am | Am | Em | Am

What shall we do with the | drunk - en sail - or | ear - ly in the | morn - ing?

9 Am | Am | G | G

Hoo - ray and | up she ris - es, | hoo - ray and | up she ris - es,

13 Am | Am | Em | Am

hoo - ray and | up she ris - es | ear - ly in the | morn - ing.

Zweistimmige Liedbegleitung

Für eine zweistimmige Begleitung nehmen wir zum Daumen (D) noch den Zeigefinger (Z) der rechten Hand hinzu. Daumen und Zeigefinger zupfen abwechselnd. Der Mittelfinger der rechten Hand ruht dabei auf der h-Saite und der Ringfinger auf der e'-Saite.

Bei unserer ersten zweistimmigen Begleitung zupft der Zeigefinger nur die leere g-Saite an. Die Bewegung kommt aus dem Mittelgelenk.

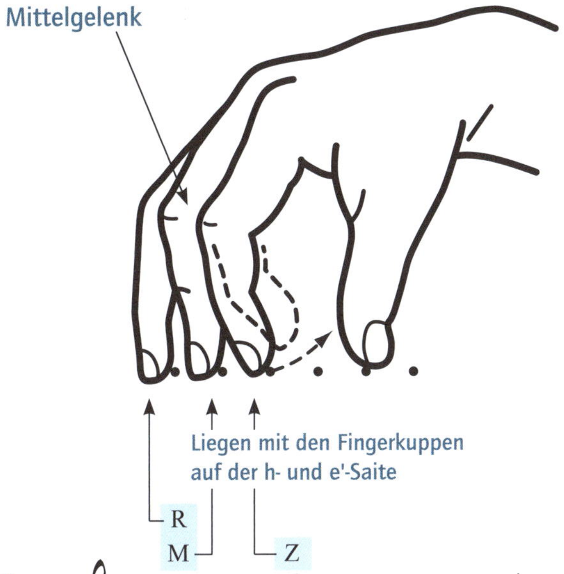

Mittelgelenk
Liegen mit den Fingerkuppen
auf der h- und e'-Saite
R
M
Z

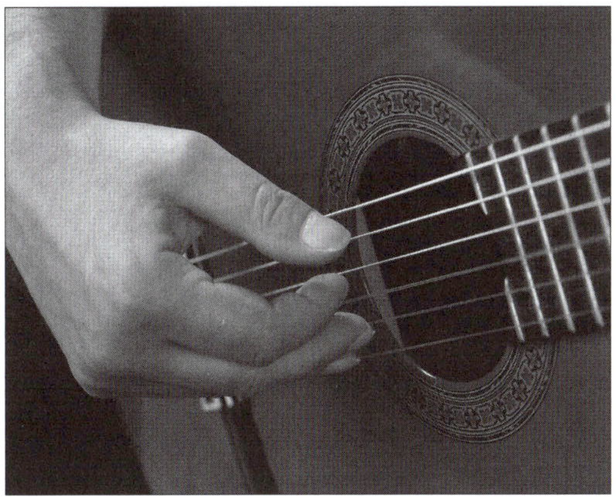

Track 24

ÜBUNG 1

Track 25

ÜBUNG 2

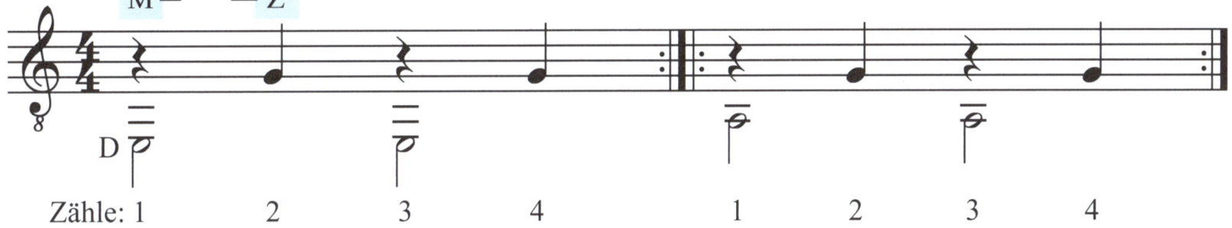

D
Zähle: 1 2 3 4 1 2 3 4

Track 26

ÜBUNG 3

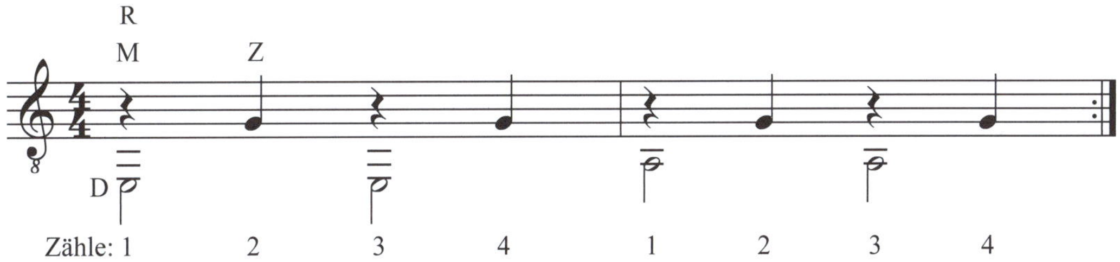

R
M
Z
D
Zähle: 1 2 3 4 1 2 3 4

TIPP **Beim Wechsel von der leeren E-Saite zur A-Saite kannst du die E-Saite beim Anschlagen der A-Saite mit der Außenkante des Daumens abdämpfen.**

R
M
Z
D
Zähle: 1 2 3 4 1 2 3 4

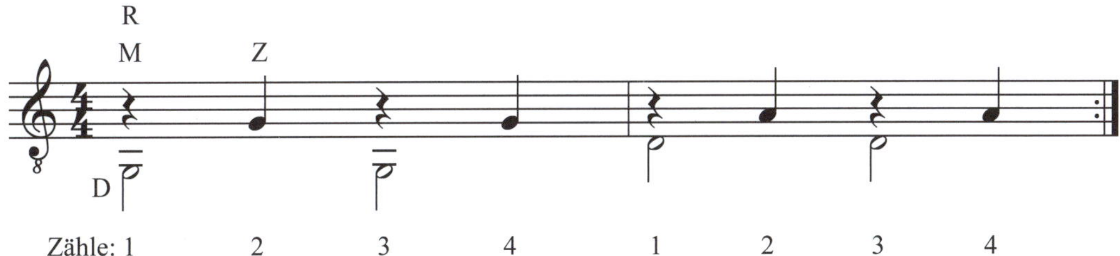

Das hohe e'

Wenn du das hohe e' spielst, nimmst du die Finger, die auf der hohen e'-Saite aufstützen, herunter.

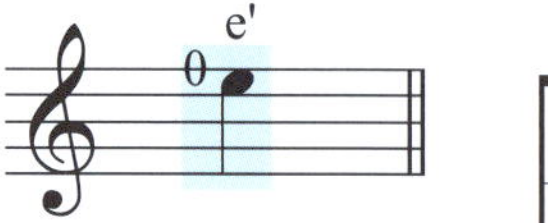

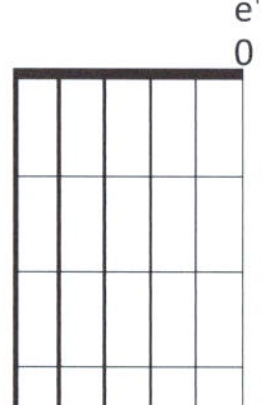

Akkordbegleitung

Bei dieser Begleitung fällt auf Zählzeit 1 und 3 ein Akkordanschlag.

Rhythmus-Pattern

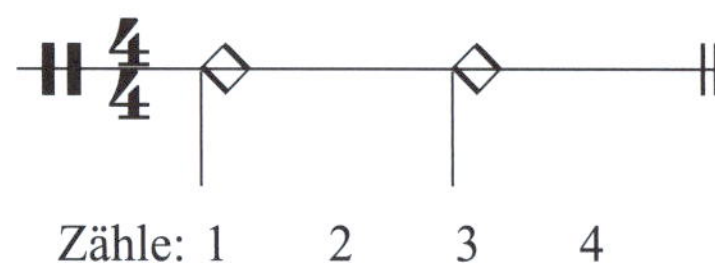

Akkorde in diesem Lied

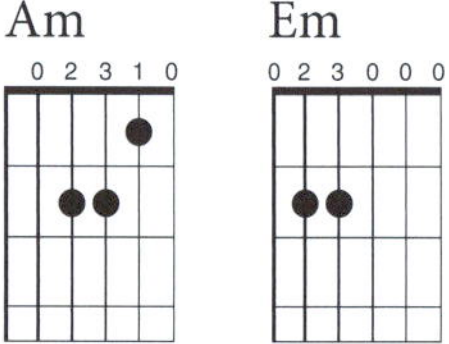

Track 27

Hejo, spann den Wagen an

Traditional

Melodiestimme spielen oder singen

Begleitstimme

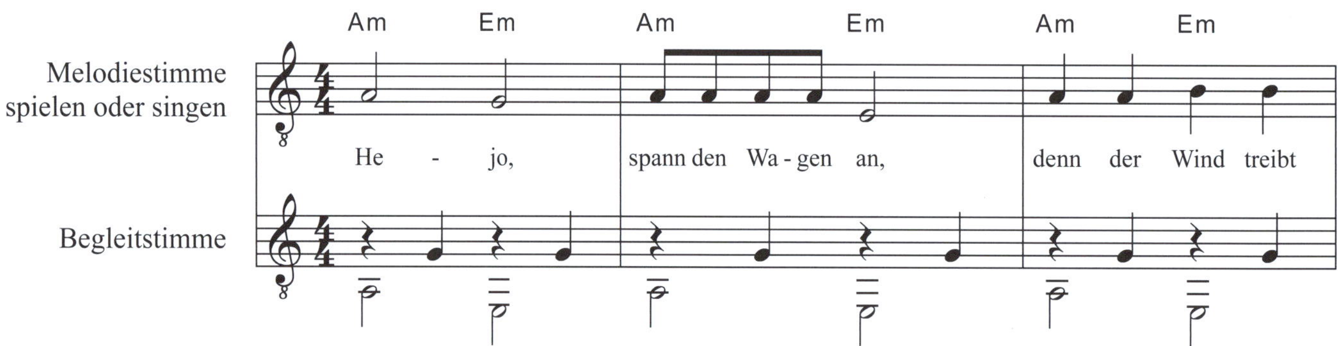

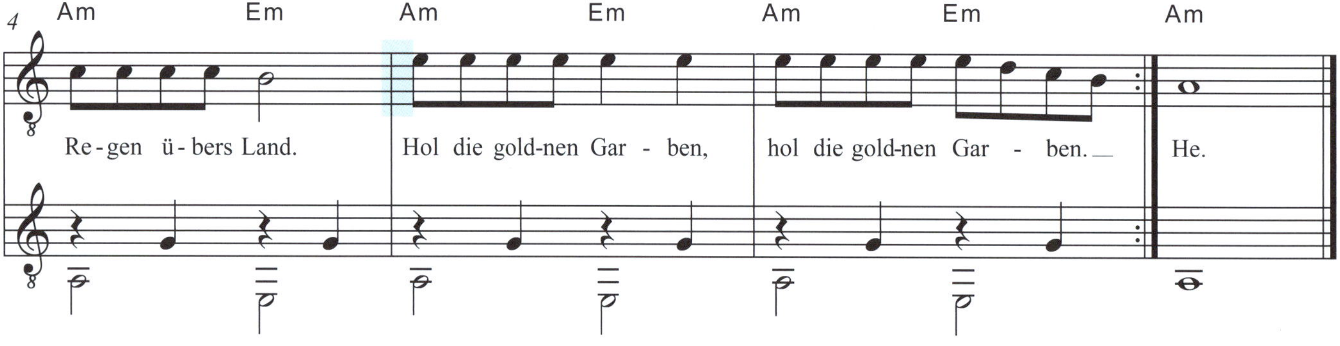

Mit diesen Akkorden und der Begleitstimme kannst du jetzt auch „Gothic Theme" (S. 14) begleiten.

Noten auf der A-Saite

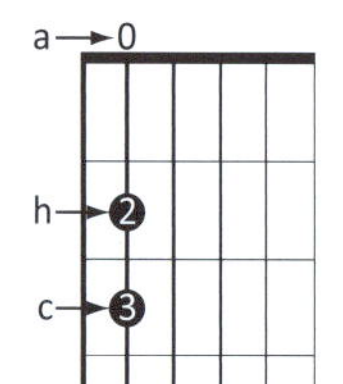

Track 28 Westcoast Dream

Akkord-Begleitstimme für Lehrer

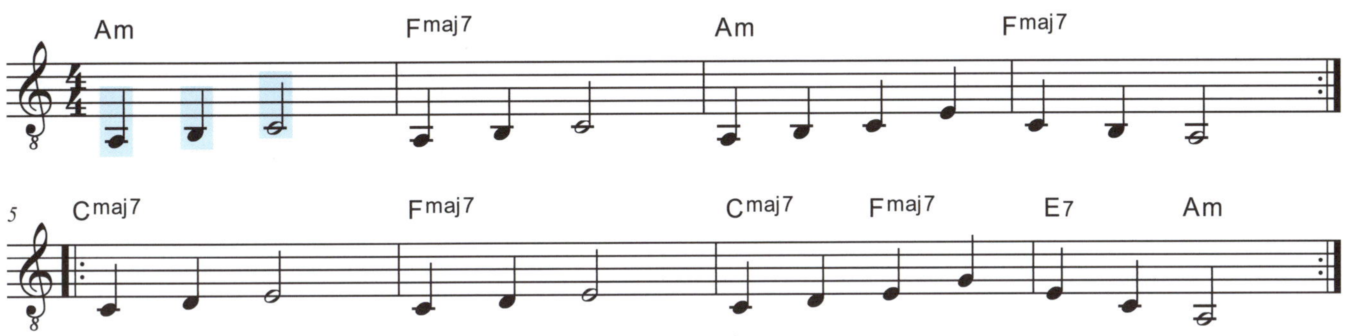

Rhythmus-Pattern

Akkorde in diesem Lied

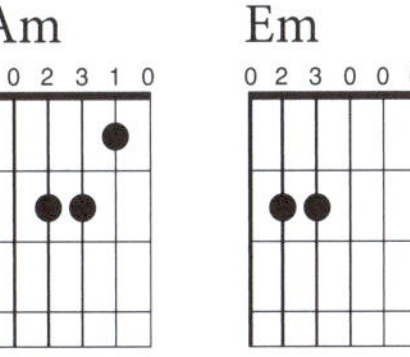

Track 29 Kol Dodi

Melodiestimme

Begleitstimme

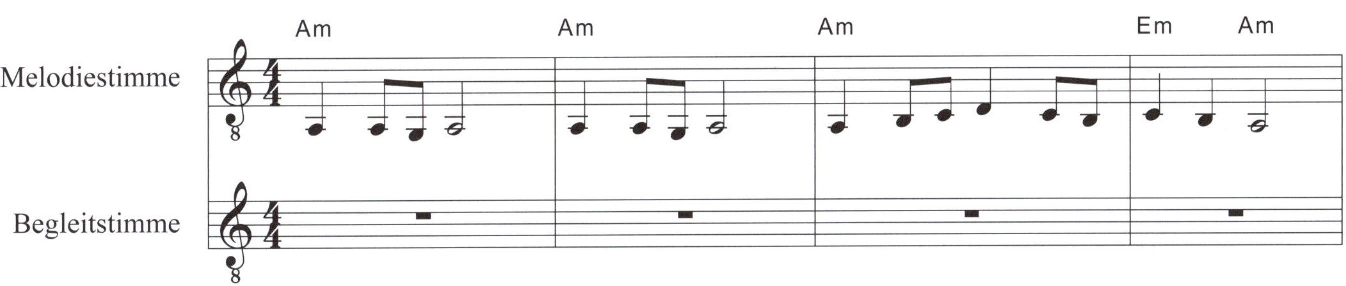

Neuer Akkord: C-Dur

Spiel den Akkordwechsel von C-Dur nach G-Dur.

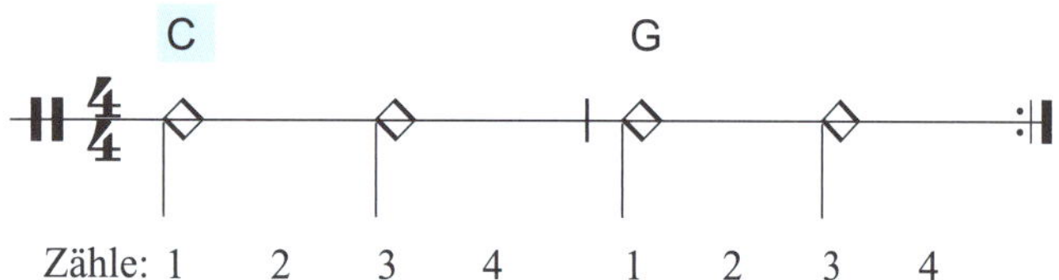

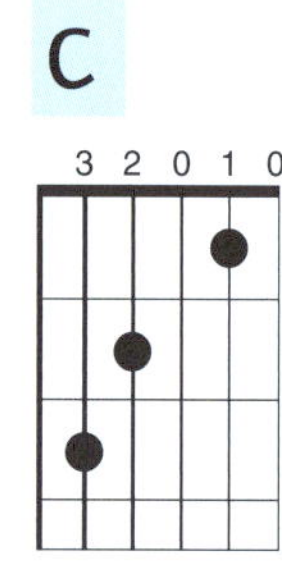

Die Synkope

Bei einer Synkope werden die eigentlich unbetonten Zählzeiten betont. Synkopen erhöhen die rhythmische Spannung in der Musik. In der Rock-, Pop und Jazzmusik sind Synkopen ein wesentliches Gestaltungsmittel.

Beispiele und Vorübungen zu „Tom Dooley“:

Rhythmus-Pattern

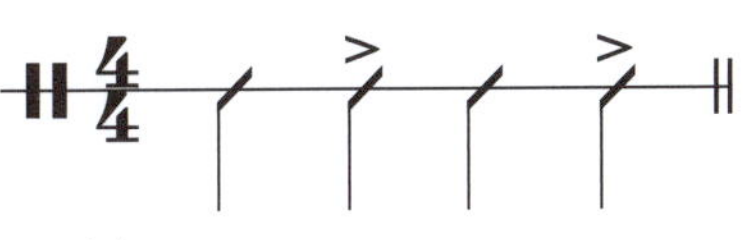

> = Akzent – Betone den 2. und 4. Schlag

Akkorde in diesem Lied

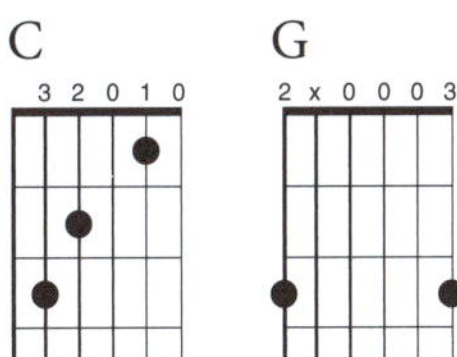

Track 30 Tom Dooley

Traditional

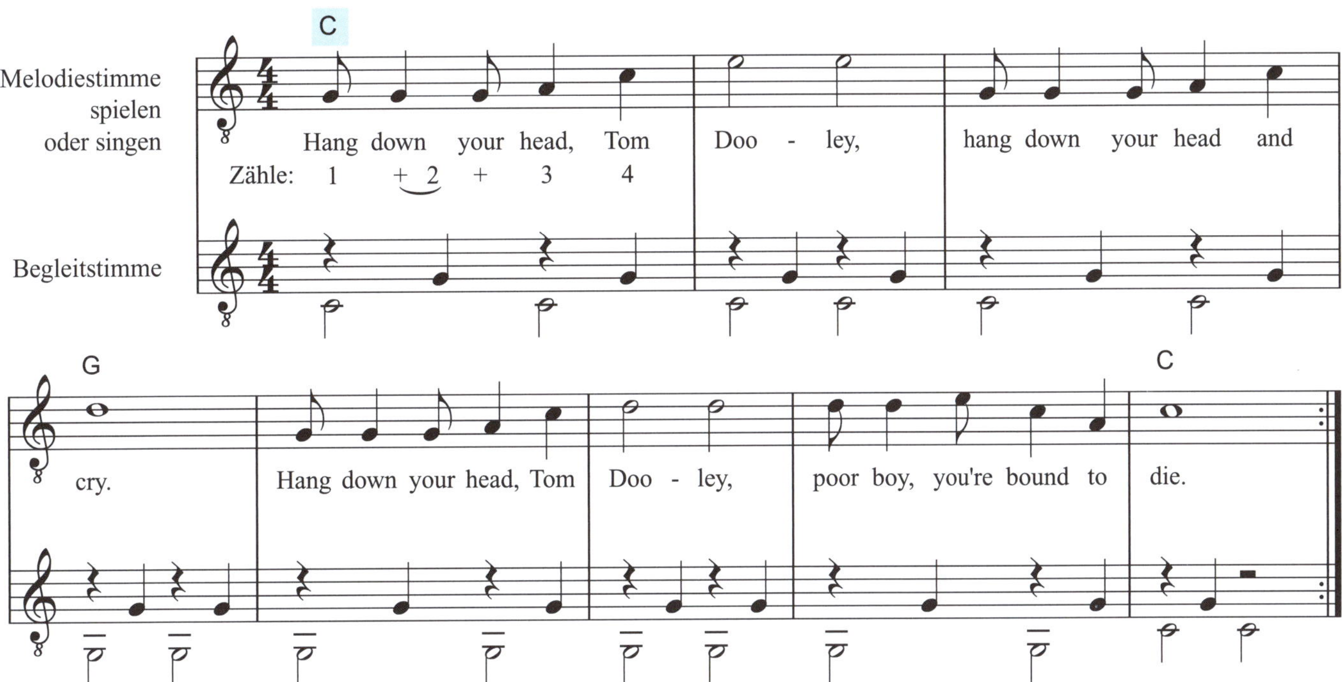

2.
C
I met her on the mountain,
G
There I took her life.
Met her on the mountain,
C
Stabbed her with my knife.

3.
C
Hang down your head, Tom Dooley,
G
Hang down your head and cry.
Hang down your head, Tom Dooley,
C
Poor boy, you're bound to die.

Die Achtelpause

Die Achtelpause fällt häufig „auf“ die Zählzeit. Die darauffolgende Achtelnote steht dann auf der Zählzeit „und“ (+). Auch wenn die Achtelpause nur kurz ist, stellt sie ein wichtiges rhythmisch strukturierendes Element dar. Das heißt: Sie kann einen Rhythmus so gestalten, dass er nach vorne treibt.

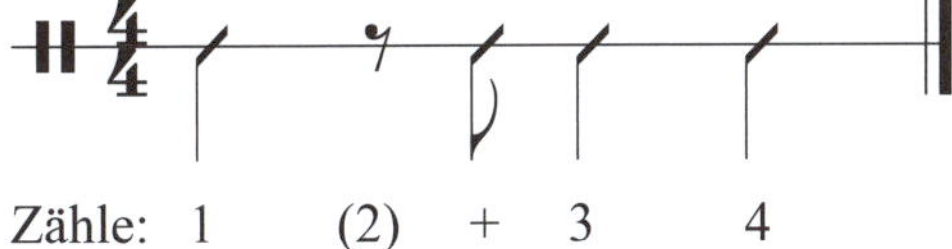

Rhythmus-Pattern

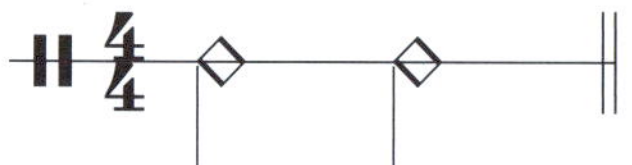

Akkorde in diesen Liedern

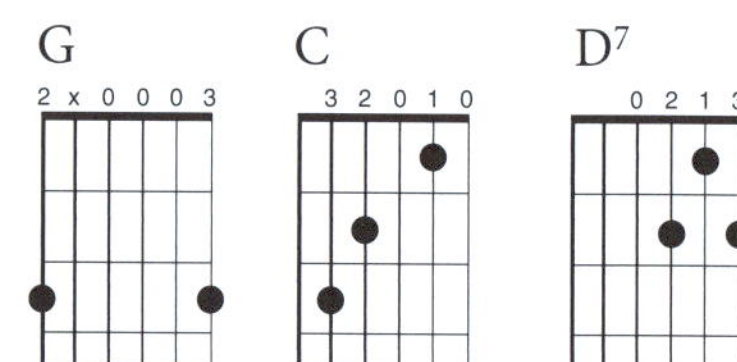

Track 31 Bacana

Track 32 Rock Heroes

LEKTION 4

Begleitstimme

Bei dieser Begleitstimme spielt auch der Mittelfinger der rechten Hand mit. Zupfe nacheinander mit dem Daumen, mit dem Zeige-, Mittel- und wieder Zeigefinger. Der Daumen schlägt abwechselnd die tiefe A-Saite und E-Saite an.

Track 33

Spiel als Nächstes die gezupfte Begleitstimme mit der rechten Hand, greif dazu mit der linken Hand die Akkorde. Den G-Dur-Akkord greifen wir hier nur mit dem Mittelfinger.

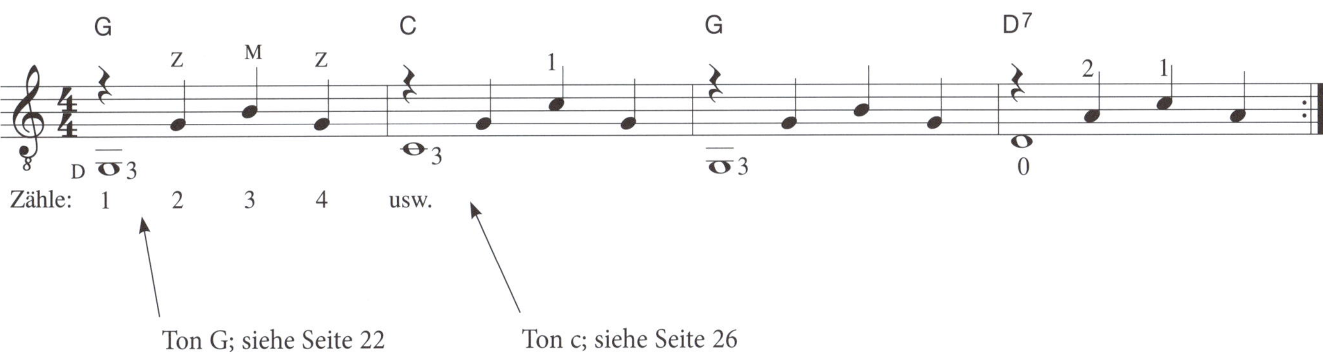

Rhythmen mit Daumen und Fingern

Bis jetzt hast du die Akkorde mit dem Daumen angeschlagen. Auf diese Art wird ein sehr weicher Klang erzeugt. Eine von vielen anderen Anschlagarten sei hier kurz erklärt:

Abschlag:

Die Finger werden leicht eingeknickt. Zeige-, Mittel- und Ringfinger schlagen die Saiten gemeinsam an. Die Fingernägel gleiten dabei über die Saiten.

Aufschlag:

Die Finger der rechten Hand werden nun etwas stärker eingeknickt, so dass der Daumen frei steht und ungehindert mit der Nagelseite den Aufschlag ausführen kann.

Nimm einen beliebigen Akkord, zum Beispiel G, und spiel die folgenden beiden Rhythmen.

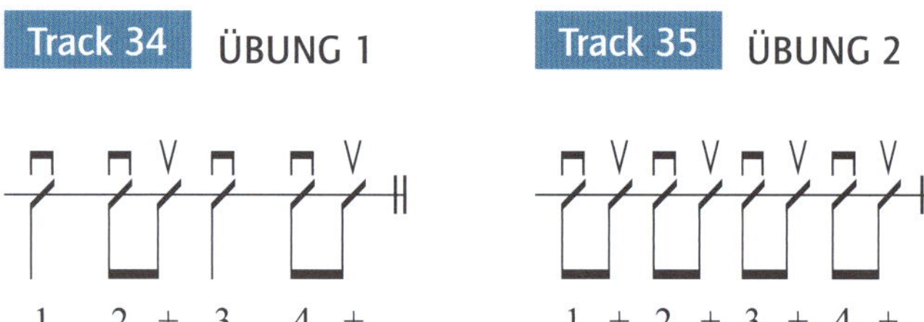

Rhythmus mit dem Plektrum

Schlagbegleitungen können ebenfalls gut mit dem Plektrum ausgeführt werden. Viele Gitarristen bevorzugen diese Spielweise.

Das Plektrum ist eine Art Chip – meist aus Plastik – der zwischen Daumen- und Zeigefinger gehalten wird. Plektren gibt es in verschiedener Größe und Stärke. Für das Akkordspiel empfehle ich ein mittleres bis weiches Plektrum.

Besorg dir ein mittleres bis weiches Plektrum und leg es locker zwischen Daumen und Zeigefinger.
Halte das Plektum fest, bei den Anschlägen sollte es dennoch leicht nachgeben.

Am Anfang wirst du das Plektrum als Fremdkörper empfinden. Mit der Zeit gewöhnst du dich an diese „zweite Haut".

Das Plektrum bietet den Vorteil, dass du einen knackigen und prägnanten Sound erreichst, was sich beim Spielen mit Daumen und Fingern so nicht erreichen lässt. Auf das Melodiespiel mit Plektrum wird in Band 2 noch deutlicher eingegangen.

Spiel die folgenden Akkordbegleitungen und alle, die du bisher gelernt hast, mit dem Plektrum.

Akkordbegleitung

Den G-Dur-Akkord greifst du hier nur mit dem Mittelfinger auf der tiefen E-Saite und mit dem kleinen Finger auf der hohen e-Saite. Zwischen die zweite und dritte Zählzeit fällt zusätzlich ein Anschlag, der als Aufschlag gespielt wird. Beim Aufschlag erfolgt die Daumenbewegung von unten nach oben, d. h. von der hohen e'-Saite zur tiefen E-Saite. Zähle bei dieser Begleitung „1 2 + 3 4". Einen Abschlag erkennst du an dem Zeichen ⊓, einen Aufschlag am Zeichen V.

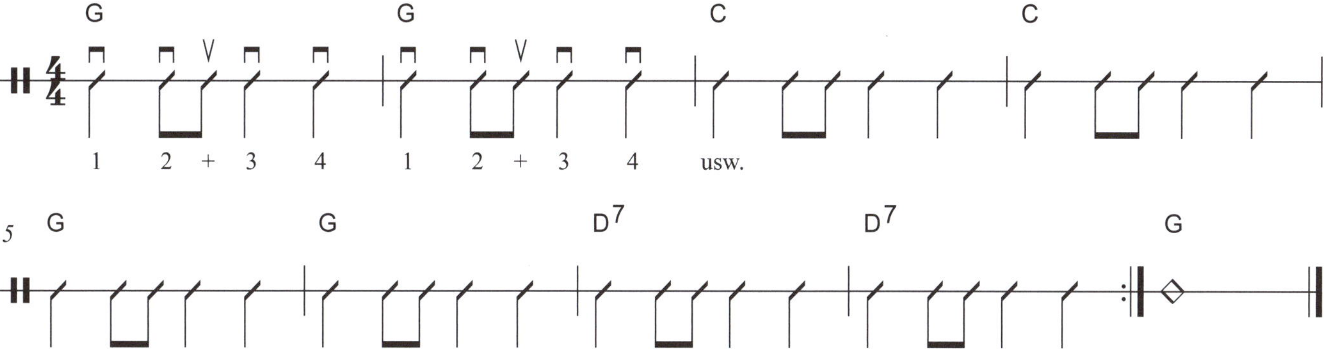

Punktierte Viertel

Ein Punkt hinter einer Note verlängert die Note um die Hälfte ihre Wertes. Eine punktierte Viertel dauert so lang wie eine Viertel- plus eine Achtelnote. Beachte die punktierten Viertel in „Michael, Row The Boat Ashore".

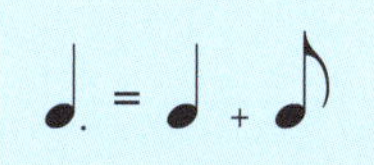

Rhythmus-Pattern

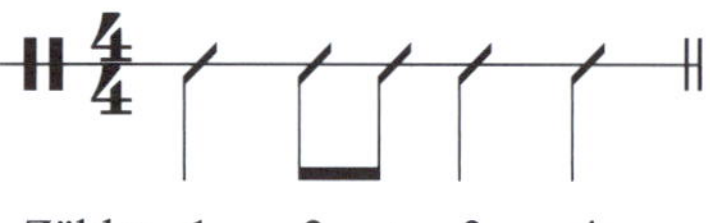

Akkorde in diesem Lied

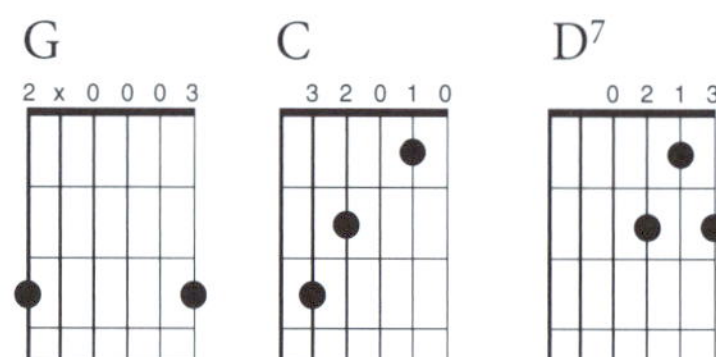

Track 36 Michael, Row The Boat Ashore

Spiritual

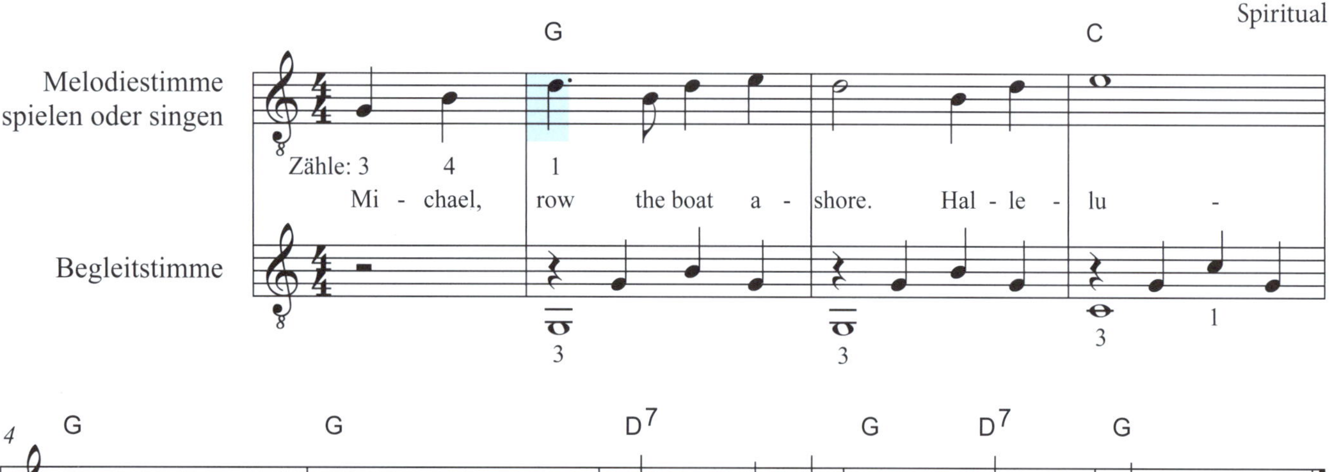

Neuer Akkord: G^7

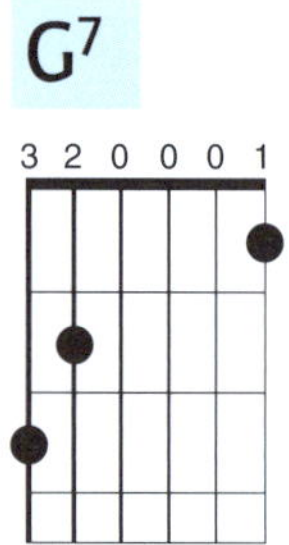

Wenn neben einem Akkordbuchstaben eine Zahl steht, besagt dies, dass in dem Akkord noch ein weiterer Ton enthalten ist. An der „7“ erkennen wir, dass in diesem Akkord auch der siebte Ton der betreffenden Tonleiter enthalten ist.

Der Haltebogen verbindet zwei Noten gleicher Tonhöhe.

Neuer Akkord: E^7

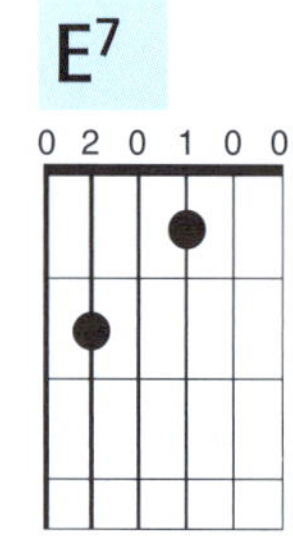

Da du bereits E kennst, wird dir der E^7 nicht schwer fallen.

Akkordübung 1

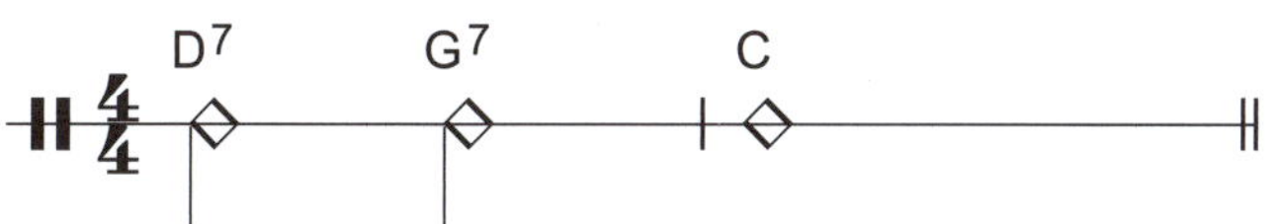

D7
G7
C

Akkordübung 2

C
E7
Am

Das hohe f'

f'

f'
1

Rhythmus-Pattern

Zähle: 1 2 + 3 4 +

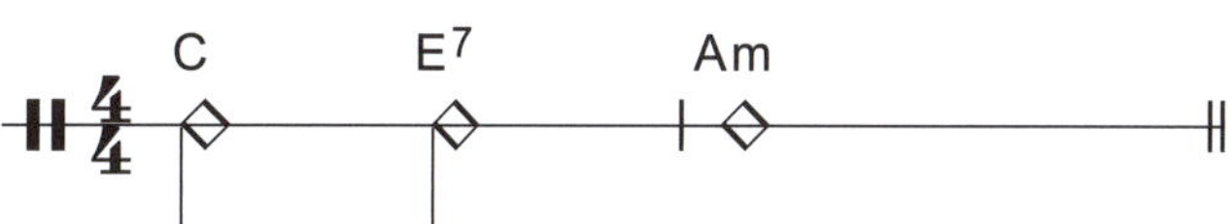

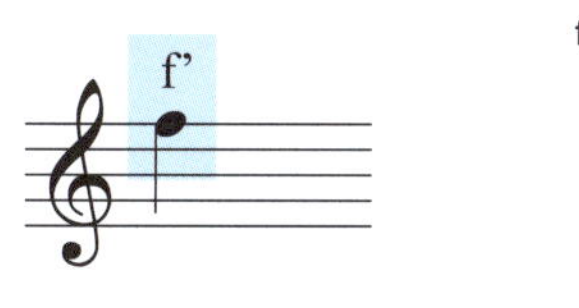

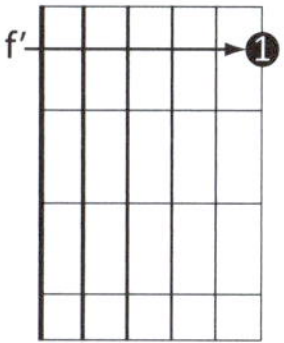

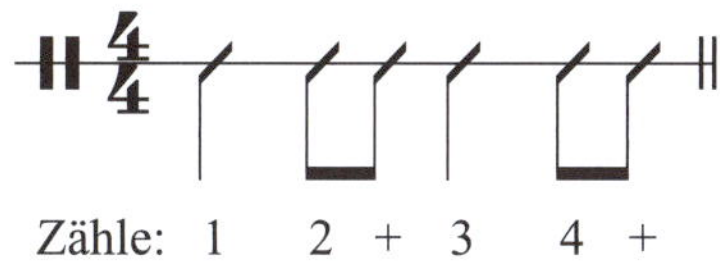

Akkorde in diesem Lied

C
3 2 0 1 0
D7
0 2 1 3
G7
3 2 0 0 0 1
E7
0 2 0 1 0 0
Am
0 2 3 1 0

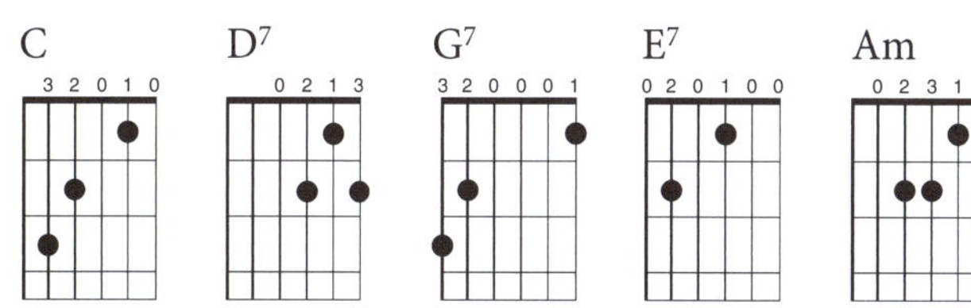

Track 37 Aura Lee

Musik: George R. Poulton, Text: William W. Fosdick

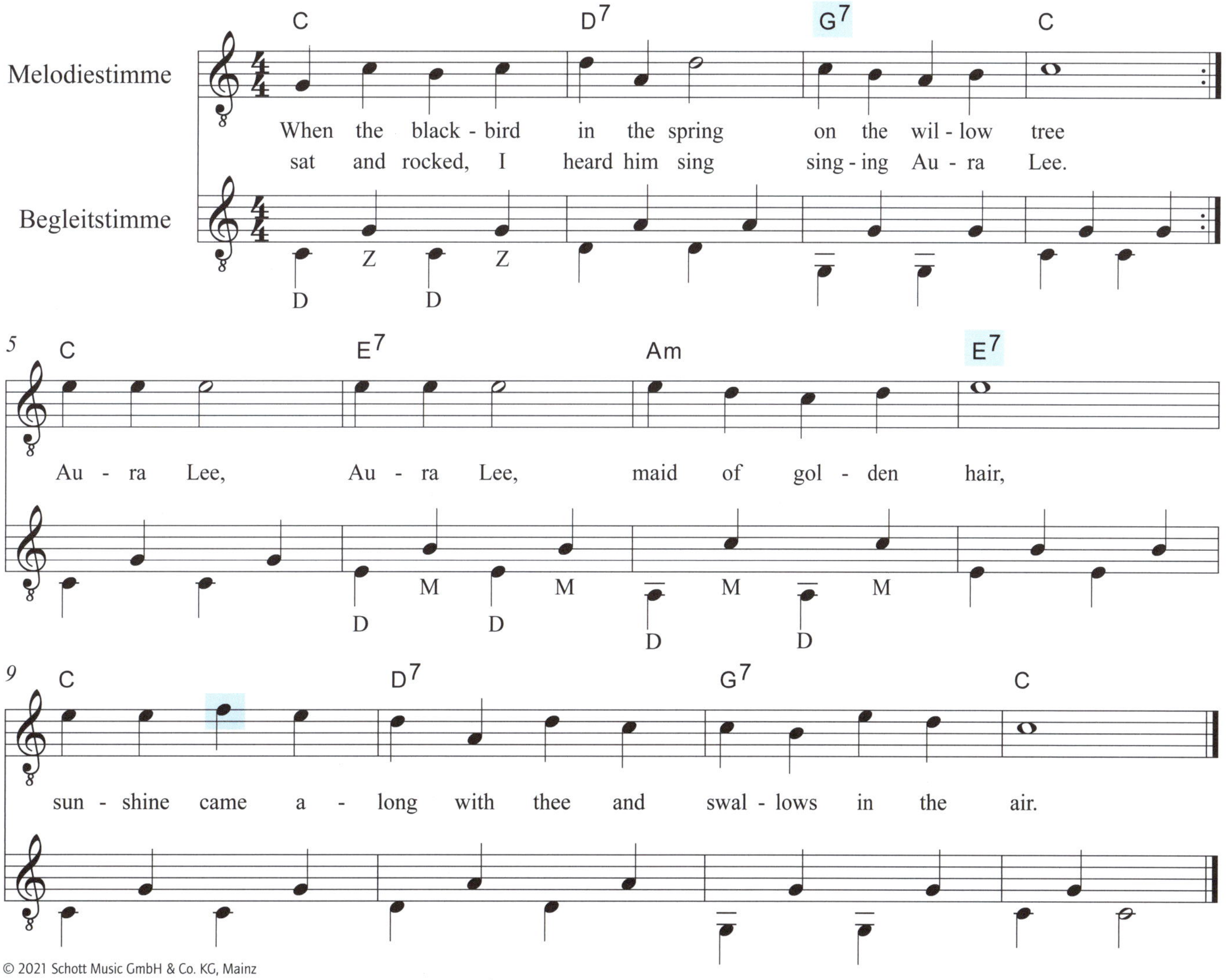

Melodiestimme
Begleitstimme
C D7 G7 C
When the black - bird in the spring on the wil - low tree
sat and rocked, I heard him sing sing - ing Au - ra Lee.
Z Z
D D
5
C E7 Am E7
Au - ra Lee, Au - ra Lee, maid of gol - den hair,
M M M M
D D D D
9
C D7 G7 C
sun - shine came a - long with thee and swal - lows in the air.

Akkord G-Dur - vollständig

Damit du den G-Dur-Akkord auf allen sechs Saiten spielen kannst, benötigst du noch den Zeigefinger. Der Zeigefinger wird auf die A-Saite in den zweiten Bund gesetzt.

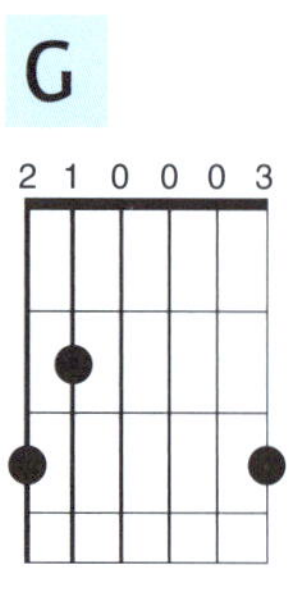

Der Haltebogen

Der Haltebogen verbindet zwei Noten gleicher Tonhöhe. Es wird nur die erste Note gespielt.

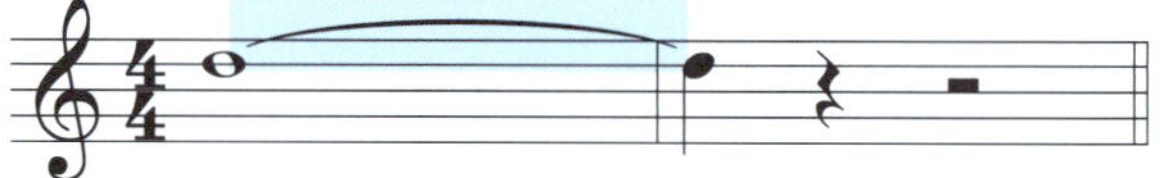

Viertel- und Halbe Pause

Achte auf die Pausen, zähle genau mit und dämpfe die Saiten bei den Pausen mit dem Daumen der rechten Hand ab. Achte besonders auf die Pause in den Begleitstimmen im vorletzten Takt.

Klammer 1 und Klammer 2

Bei Wiederholungen soll manchmal beim zweiten Mal etwas anderes gespielt werden als beim ersten Mal. Das kennzeichnet man mit Klammern (1. 2.). Spiel bei *Oh, When The Saints* zuerst die Noten unter der 1. Klammer, bei der Wiederholung überspringst du die 1. Klammer und spielst in der 2. Klammer weiter.

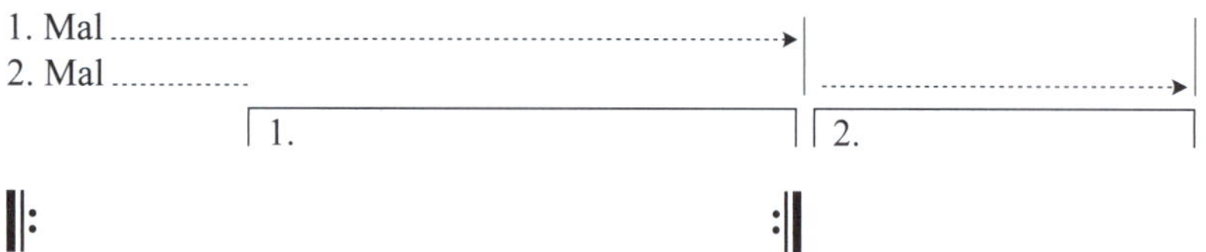

Rhythmus-Pattern

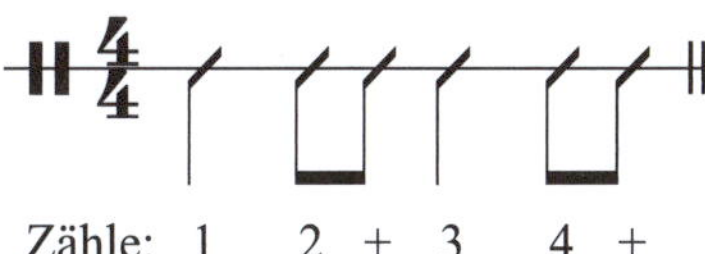

Akkorde in diesem Lied

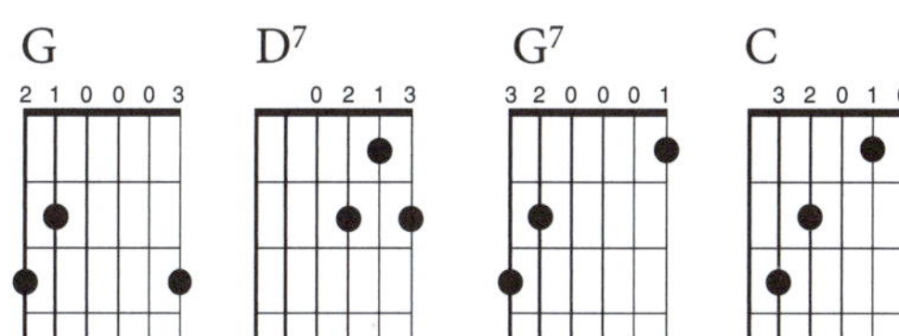

Track 38 Oh, When The Saints

Spiritual

Melodiestimme oder singen

Begleitstimme

Haltebogen! Note klingen lassen.

G G G

Zähle: 2 3 4 1 2 3 4 1 2 3 4 usw.

Oh, when the Saints go march - ing in,

D Z M Z

3 3 3

4 G G G D7 D7

Viertelpause

1 2 3 4 1

oh, when the Saints go march - ing in, I want to

2 1

9 G G7 C C G

Halbe Pause

1 2 3 4 1 2

be a - mong the num - ber, when the Saints go

3 3 3 3 3

14 D7 G 1. G 2.

march - ing in. Oh, when the

2 1 3 3

Geschlossener Anschlag

Die Begleitstimme wird mit geschlossenem Anschlag gespielt. Beim geschlossenen Anschlag werden mehrere Töne gleichzeitig mit den Fingern zum Klingen gebracht. Achte darauf, dass die mit Zeige- und Mittelfinger angeschlagenen Töne wirklich gleichzeitig erklingen.

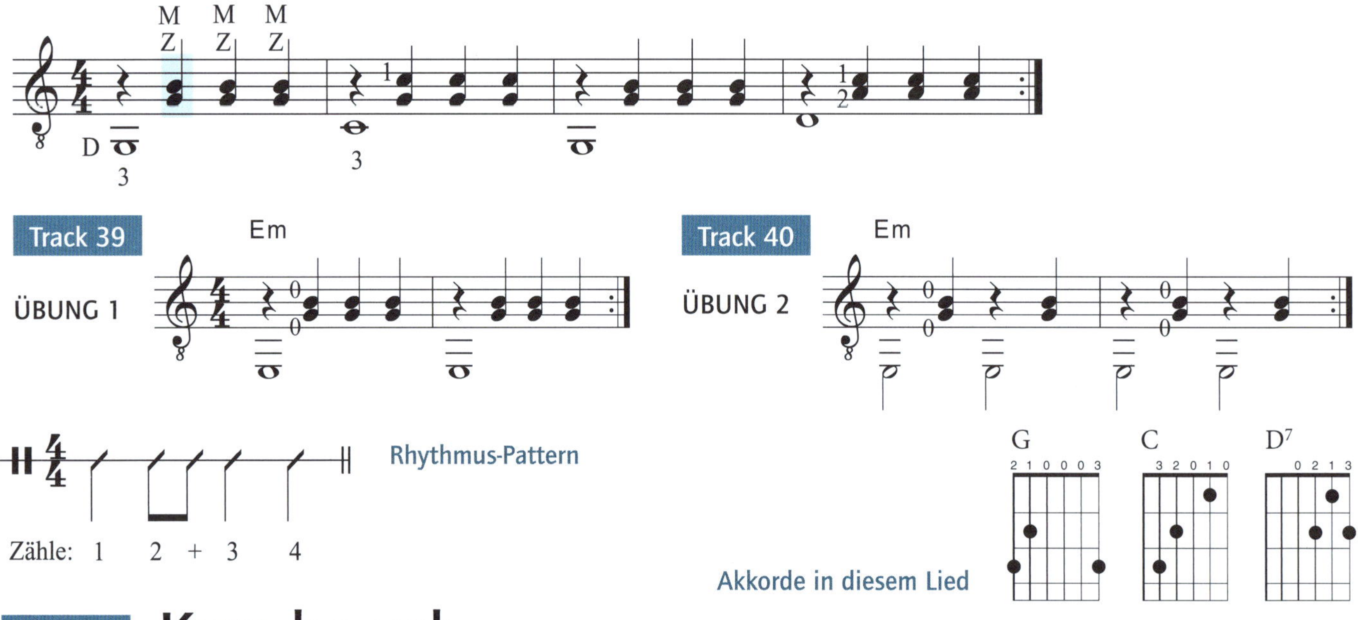

Track 41

Kum ba yah

Spiritual

Melodiestimme spielen oder singen

Begleitstimme

Haltebogen! Note klingen lassen

G G C G G

Kum ba yah, my Lord, kum ba yah. Kum ba

5 G G D7 D7 G G C

yah, my Lord, kum ba yah. Kum ba yah, my Lord, kum ba

11 G G C G D7 G 1. G 2. G

yah. Oh Lord, kum ba yah. Kum ba

Track 42 Oh, Susanna

Stephen Foster

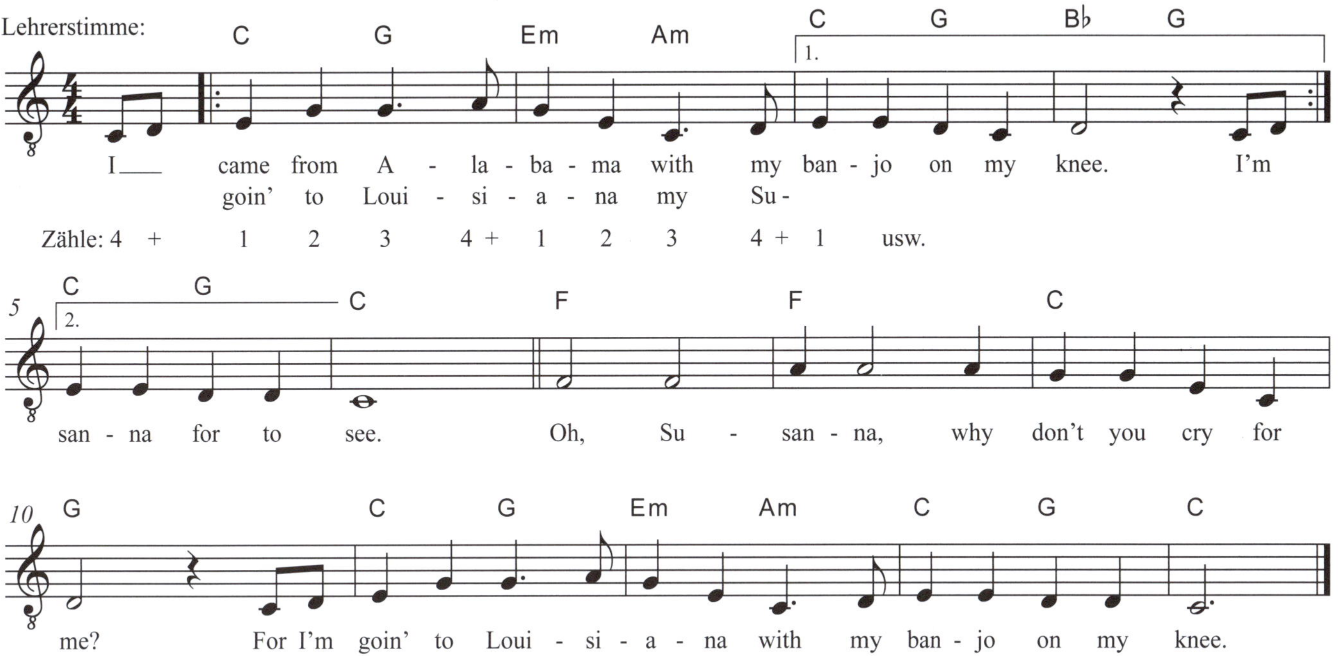

Track 43 Swing Low, Sweet Chariot

Spiritual

LEKTION 5

3/4-Takt

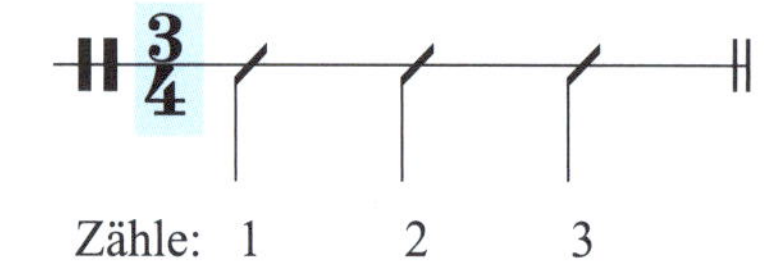

Ein 3/4-Takt enthält drei Grundschläge. Wir zählen pro Takt bis drei: 1, 2, 3, 1, 2, 3 usw.

Rhythmische Übungen im 3/4-Takt

Der 3/4-Takt ist eine ungerade Taktart. Gerade Taktarten sind zum Beispiel der 4/4- und der 2/4-Takt. Folgende Übungen werden dir helfen, die nächsten Stücke im 3/4-Takt gut zu bewältigen.

Track 44 ÜBUNG 1

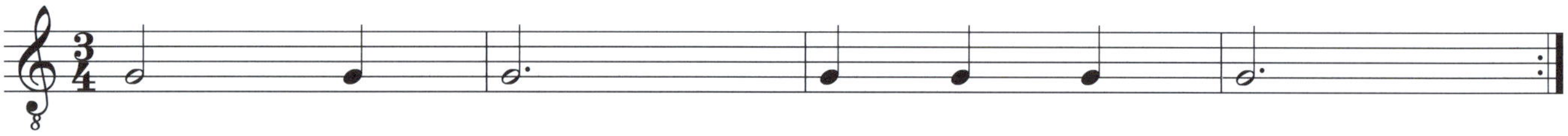

Zähle: 1 2 3 1 2 3

Track 45 ÜBUNG 2

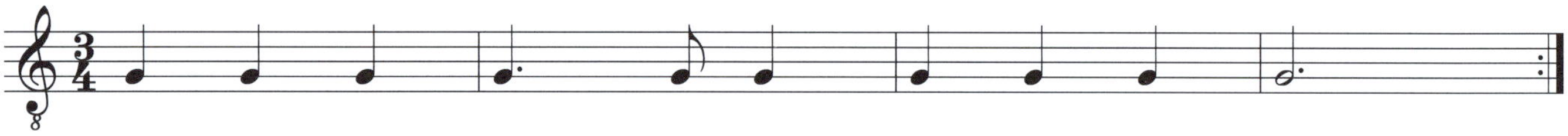

Zähle: 1 2 3 1 (2) + 3

Track 46 ÜBUNG 3

Zähle: 1 2 + 3

Track 47 ÜBUNG 4

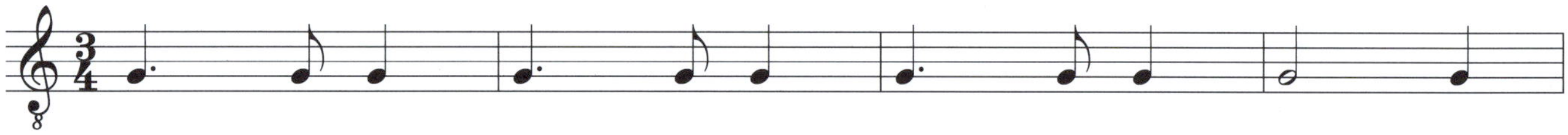

Zähle: 1 (2) + 3 usw. 1 2 3

Probiere, die Übungen auch auf der E, A- und d-Saite zu spielen.

Das Versetzungszeichen ♯

Das Versetzungszeichen ♯, ein Kreuz, erhöht eine Note um einen Halbton. Ein Halbton entspricht einem Bund. Eine mit einem Kreuz versehene Note wird also um einen Bund höher gegriffen. Ein Versetzungszeichen gilt einen ganzen Takt lang.

Einen Ton, der mit einem Vorzeichen oder einem Versetzungszeichen erhöht worden ist, kann man auch wieder mit einem Auflösungszeichen auf die ursprüngliche Tonhöhe zurückversetzen.

BEISPIEL:
Das f liegt im 3. Bund der d-Saite.

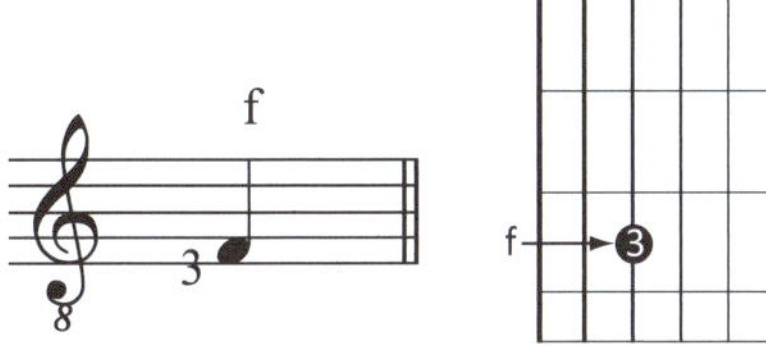

Steht vor dem f ein Kreuz, wird das f zum fis und mit dem 4. Finger (= kleiner Finger) im 4. Bund gespielt.

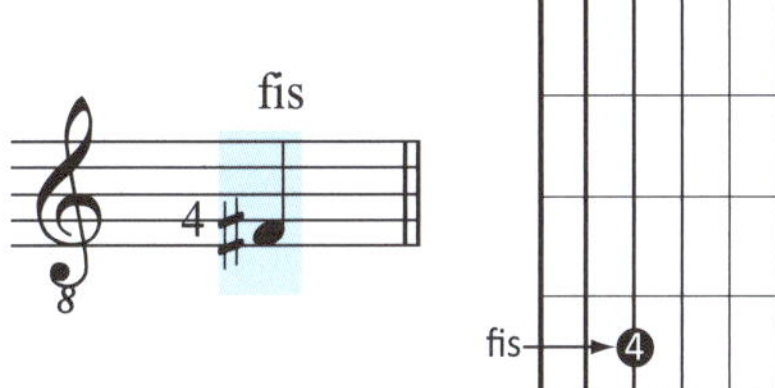

Die Töne auf der A-Saite findest du auf S. 26.

Neuer Akkord: D-Dur

Die tiefe E-Saite wird bei D nicht mitgespielt. Die A-Saite kann mit angeschlagen werden.

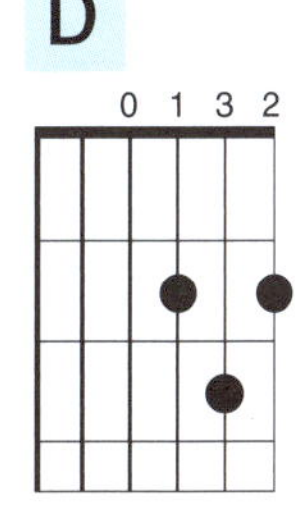

Rhythmus-Pattern

Zähle: 1 2 + 3

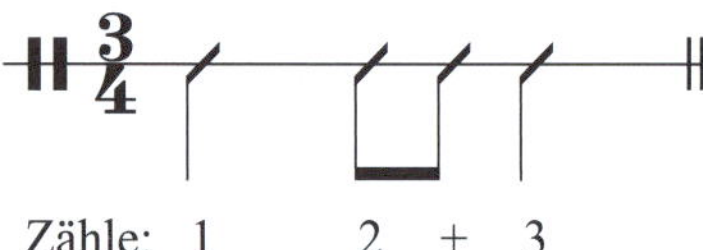

Akkorde in diesem Lied

Am
0 2 3 1 0
G
2 1 0 0 0 3
C
3 2 0 1 0
D
0 1 3 2

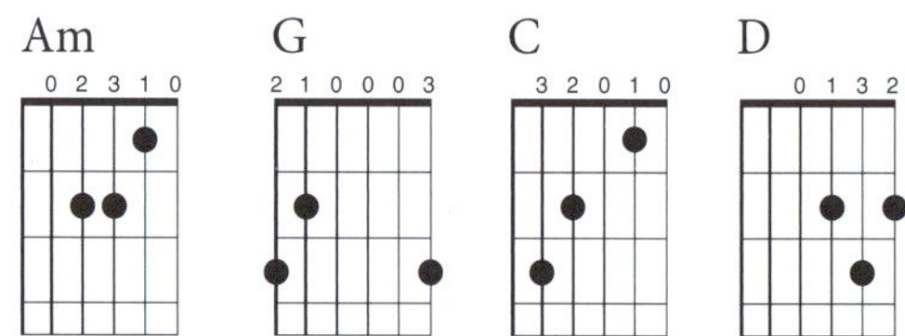

Track 48 Scarborough Fair

Traditional

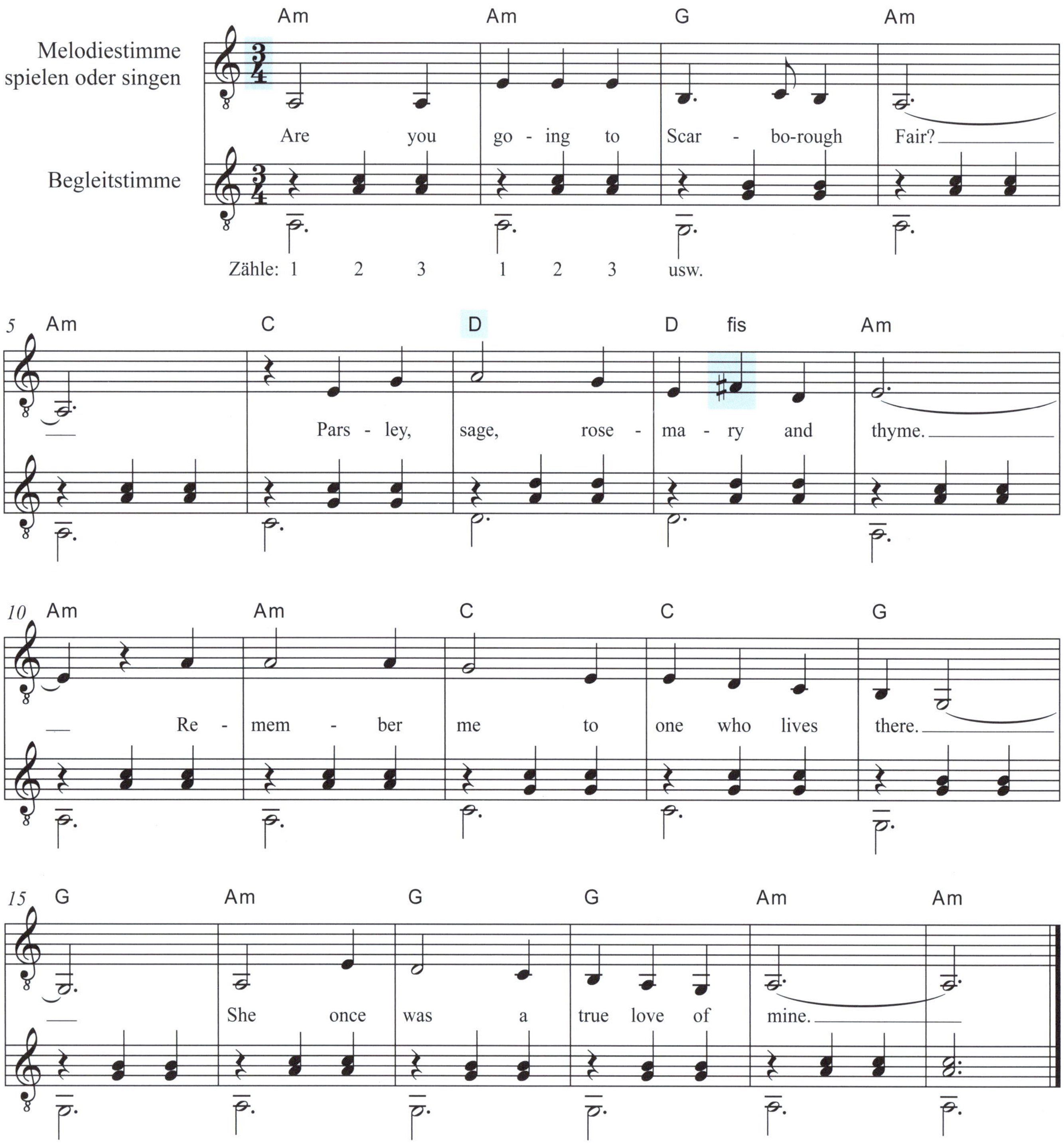

Melodiestimme spielen oder singen
Begleitstimme
Am Am G Am
Are you go - ing to Scar - bo-rough Fair?
Zähle: 1 2 3 1 2 3 usw.
5
Am C D D fis Am
Pars - ley, sage, rose - ma - ry and thyme.
10
Am Am C C G
Re - mem - ber me to one who lives there.
15
G Am G G Am Am
She once was a true love of mine.

E^7: Weitere Griffmöglichkeiten

Diese Version des E^7 hast du schon auf S. 35 kennengelernt.

Für jeden Akkord gibt es immer mehrere Griffmöglichkeiten. So findest du hier drei Griffmöglichkeiten des E^7-Akkords.

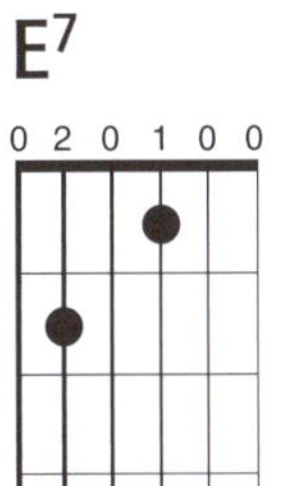

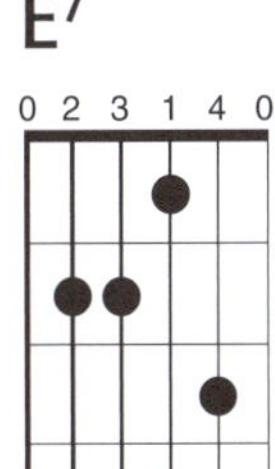

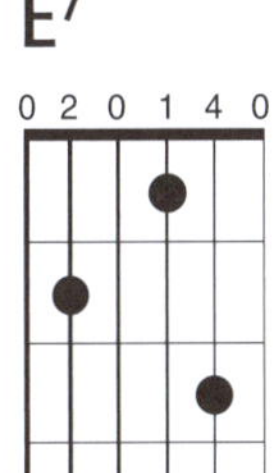

Der einfachste E^7

Neuer Akkord: F-Dur

Bei diesem Akkord drückt der Zeigefinger gleichzeitig zwei Saiten herunter. Drückt ein Finger mehrere Saiten gleichzeitig herunter, nennt man das „Barré". Das erfordert ein wenig Übung und Ausdauer.

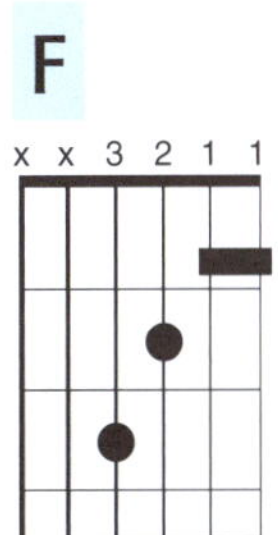

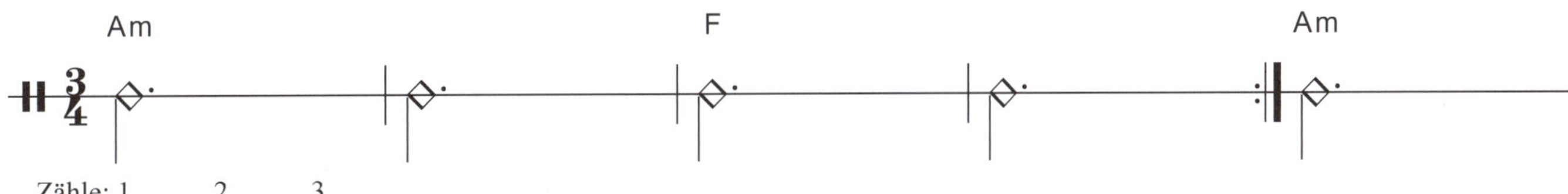

Neue Töne

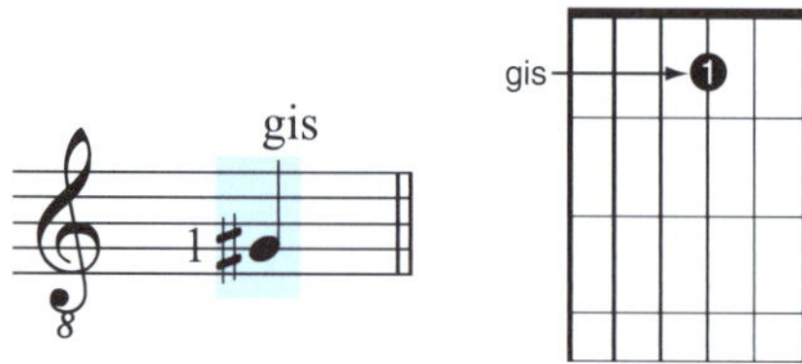

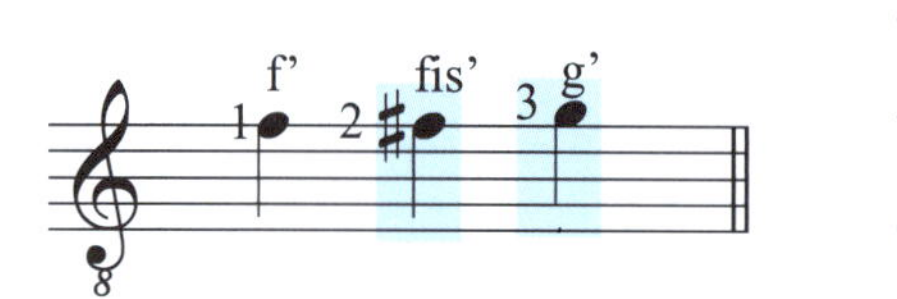

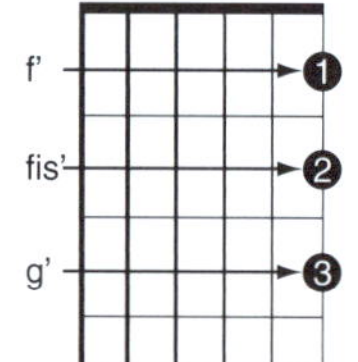

gis
1
gis

f'
fis'
g'
1
2
3
f'
fis'
g'

Rhythmus-Pattern

Zähle: 1 2 + 3

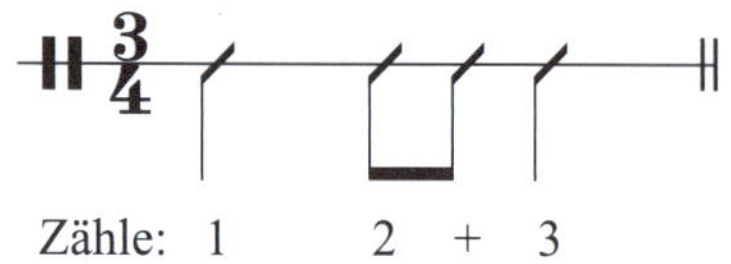

Übe die Akkordfolge zunächst mit einem Schlag pro Takt ein:

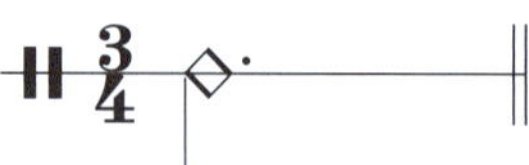

Akkorde in diesem Lied

Am
0 2 3 1 0
G
2 1 0 0 0 3
C
3 2 0 1 0
E
0 2 3 1 0 0

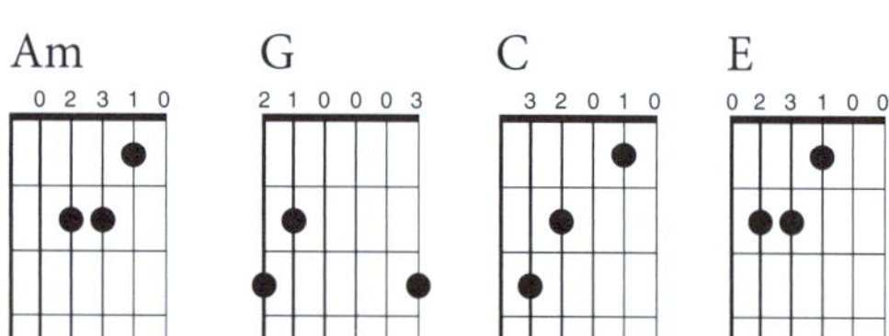

Track 49

Greensleeves

Traditional

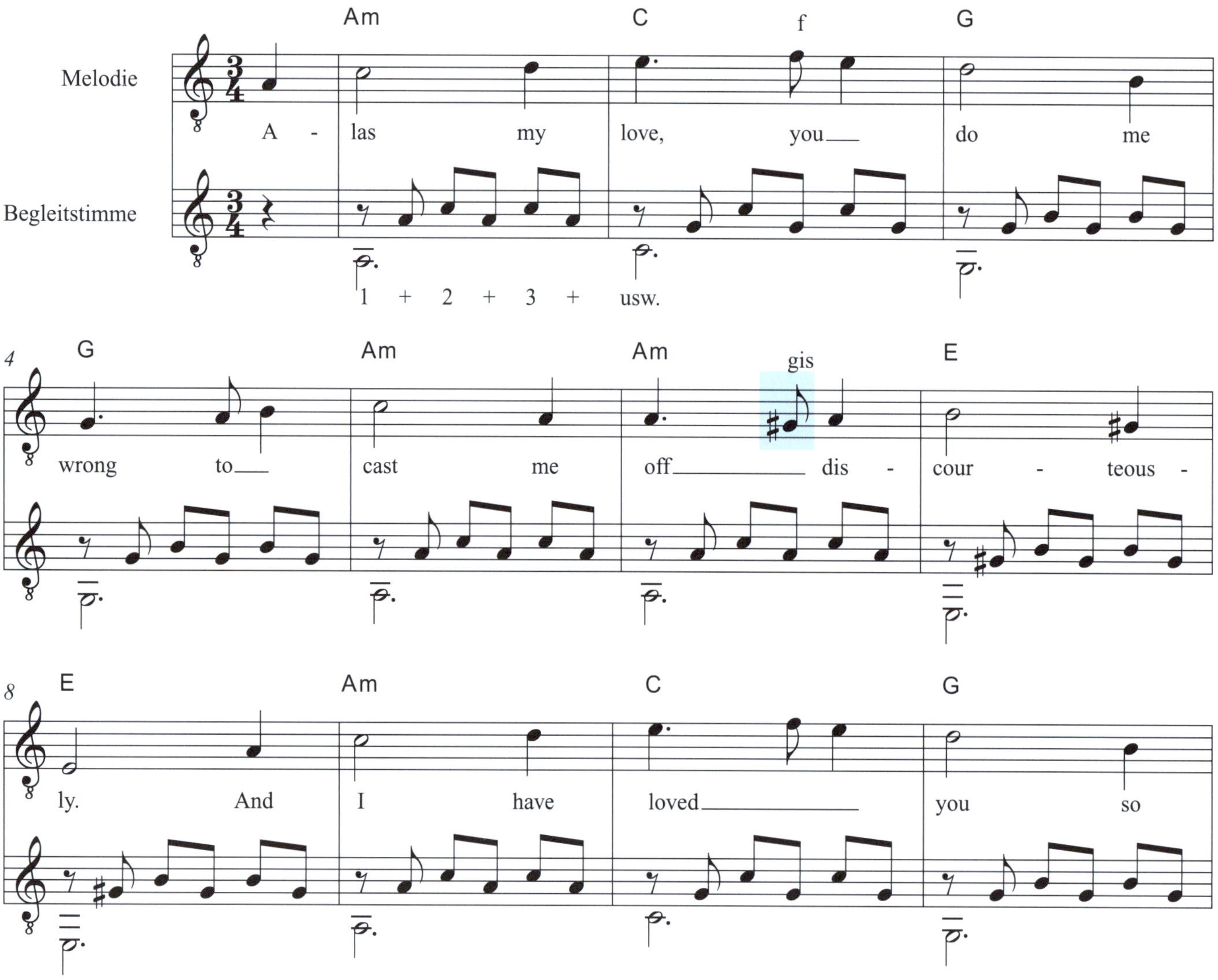

Melodie
Begleitstimme
Am
C
f
G
A - las my love, you do me
1 + 2 + 3 + usw.
4
G
Am
Am
gis
E
wrong to cast me off dis - cour - teous -
8
E
Am
C
G
ly. And I have loved you so

Du kannst hier auch die Begleitstimme von „Scarborough Fair" (S. 42) verwenden:

Der Ton *Gis* auf der tiefen E-Saite

Das tiefe Gis befindet sich im 4. Bund der tiefen E-Saite und wird mit dem 4. Finger gespielt.

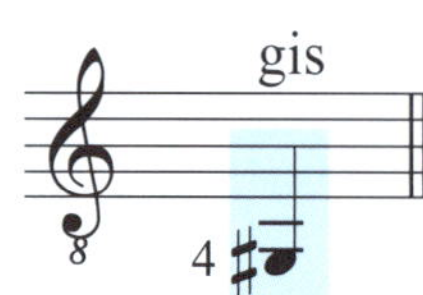

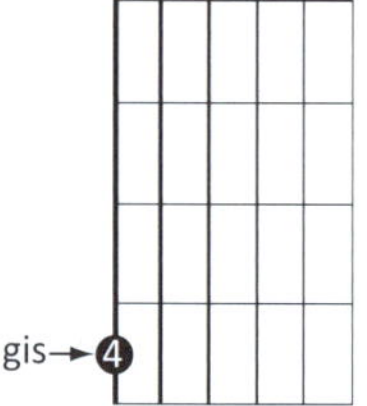

gis
4
gis

Rhythmus-Pattern

Zähle: 1 2 + 3

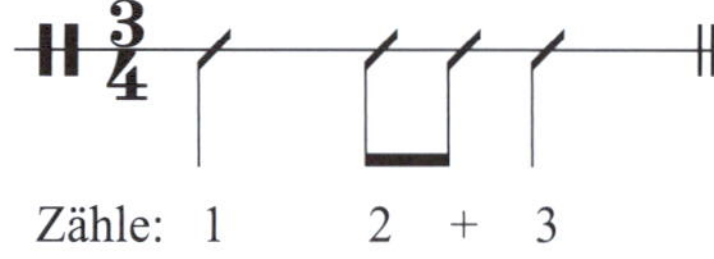

Akkorde in diesem Lied

Am
C
D
F
E
E7

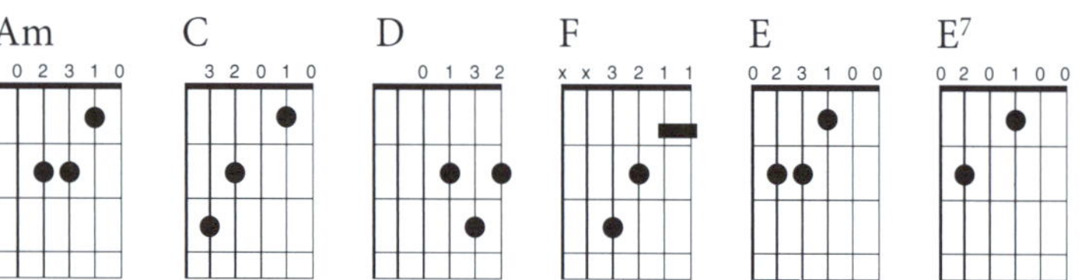

Track 50 House Of The Rising Sun

Traditional

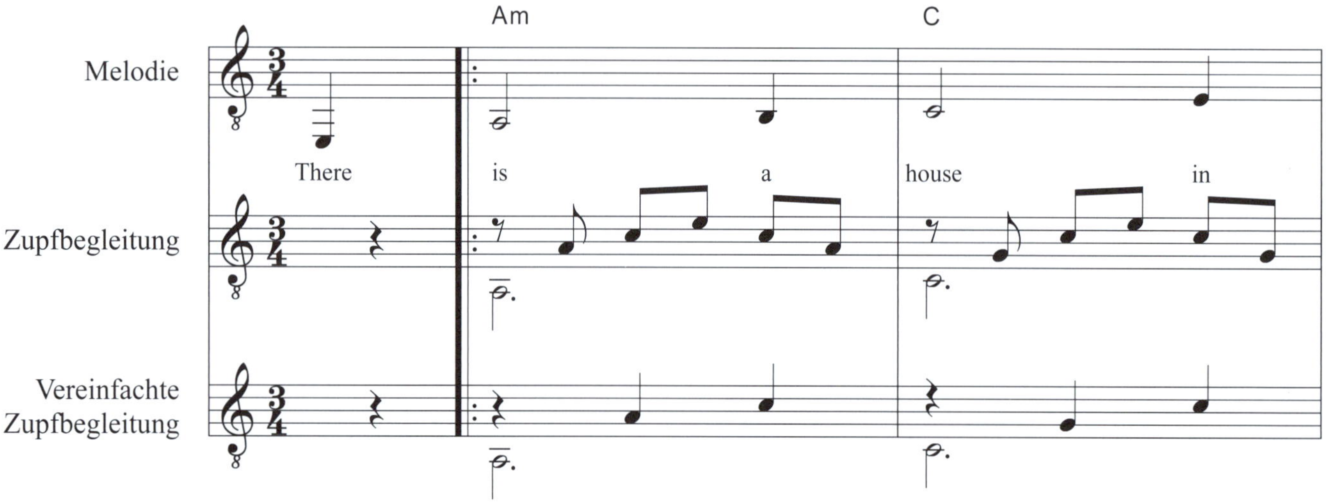

Melodie
Zupfbegleitung
Vereinfachte Zupfbegleitung
Am
C
There is a house in

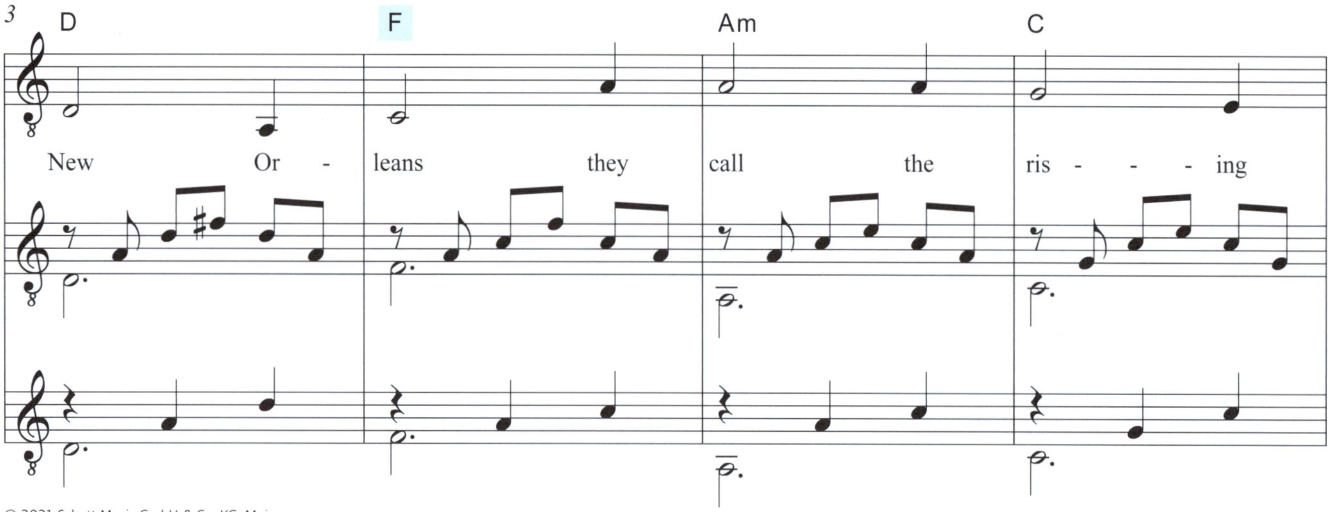

3
D
F
Am
C
New Or - leans they call the ris - - - ing

2.

```
    Am      C     D      F
My mother was a tailor
     Am           C           E        E7
She sewed my new blue jeans.
     Am     C      D               F
My father was a gambling man
Am           E            Am     E7
Down in New Orleans.
```

3.

```
      Am      C          D            F
Oh, mother, tell your children
          Am         C       E        E7
Not to do what I have done.
Am            C         D          F
Spend your lives in sin and misery
          Am                  E       Am
In the House of the Rising Sun.
```

Zupfbegleitung

Die Zupfbegleitung zu „House Of The Rising Sun“ entspricht der Zupfbegleitung, wie sie auf vielen Aufnahmen zu hören ist. Dazu benötigen wir jetzt auch den Ringfinger der rechten Hand. Falls dir das Spielen mit dem Ringfinger zunächst noch Schwierigkeiten bereiten sollte, kannst du auch die vereinfachte Zupfbegleitung spielen, die ohne Ringfinger auskommt.

Track 51 1. Übung

Stütz den Daumen auf der A-Saite ab und spiele nacheinander mit Zeige-, Mittel- und Ringfinger.

Track 52 2. Übung

Jetzt spielt auch der Daumen mit, der für die tiefen Saiten zuständig ist.

Das hohe a'

Du kannst den Song auch eine Oktave höher spielen. Scarborough Fair (S. 42) kannst du ebenfalls eine Oktave höher spielen.

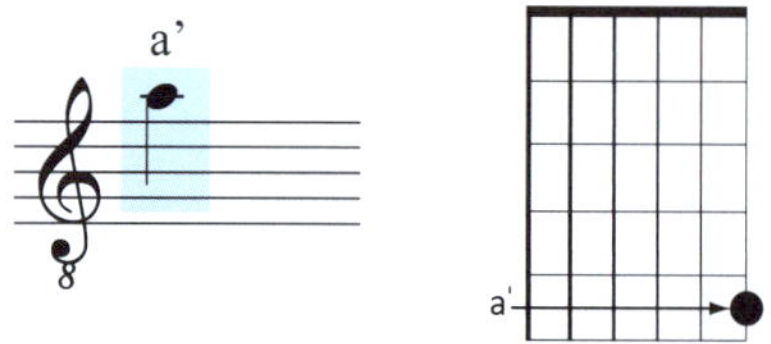

House of the Rising Sun (Melodie)

LEKTION 6

Tonleitern und Vorzeichen: Die Dur-Tonleiter

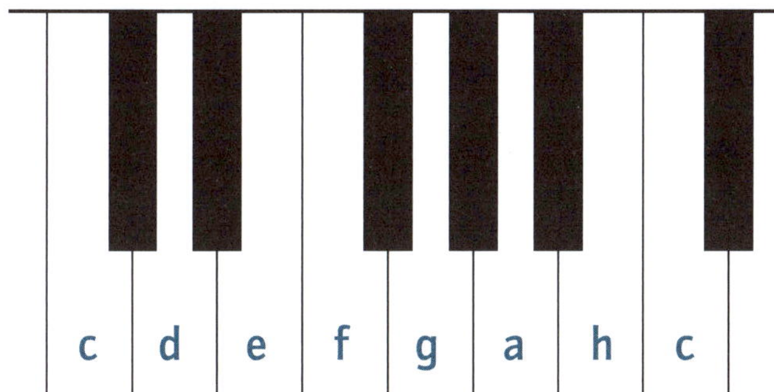

Eine Tonleiter besteht aus sieben verschiedenen Tönen. Die Töne der C-Dur-Tonleiter hast du bereits alle gespielt:

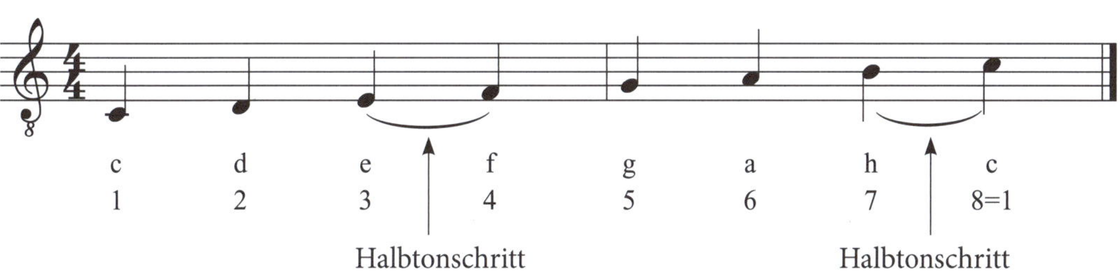

Tonleitern bestehen aus einer Abfolge von Ganz- und Halbtönen. Ein Ganzton entspricht zwei Bünden, ein Halbton einem Bund. Bei einer Durtonleiter liegen die Halbtöne zwischen dem 3. und 4. Ton sowie zwischen dem 7. und 8. Ton. Um diese Kombination aus Ganz- und Halbtönen zu erhalten, benötigen wir für eine C-Dur-Tonleiter keine Vorzeichen.

Um allerdings zum Beispiel eine G-Dur-Tonleiter zu spielen, müssen wir einen Ton erhöhen, um die Folge von Halb- und Ganztönen zu erhalten, die wir für eine Durtonleiter benötigen. Dazu setzt man ein Vorzeichen an den Anfang jeder Notenzeile. Zum Beispiel das Vorzeichen für G-Dur, ein Kreuz für *fis*, gilt für das ganze Stück und alle *fis* – egal, ob es sich um ein hohes oder ein tiefes *fis* handelt.

Das Kreuz ♯ steht auf der F-Linie und erhöht alle f zu *fis*.

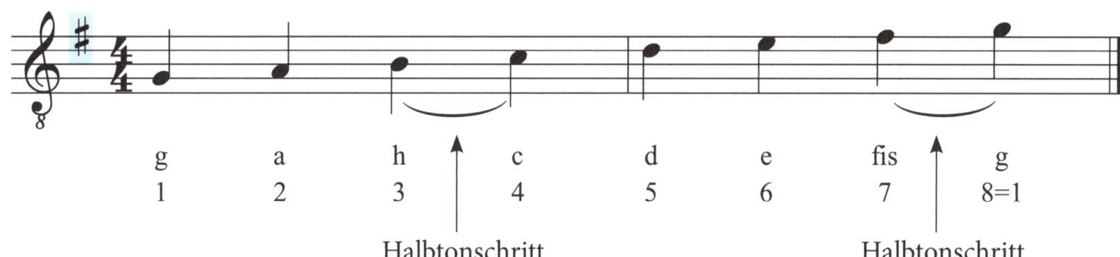

„Oh, Susanna" (s. S. 39) basiert auf der C-Dur-Tonleiter, d.h. das Stück enthält nur Töne der C-Dur-Tonleiter. Wir sprechen dann davon, dass das Stück in der Tonart C-Dur steht.

Bei der D-Dur-Tonleiter wird der Ton f zu *fis* und c zu *cis* erhöht. Deshalb enthält die Tonart D-Dur zwei Kreuze.

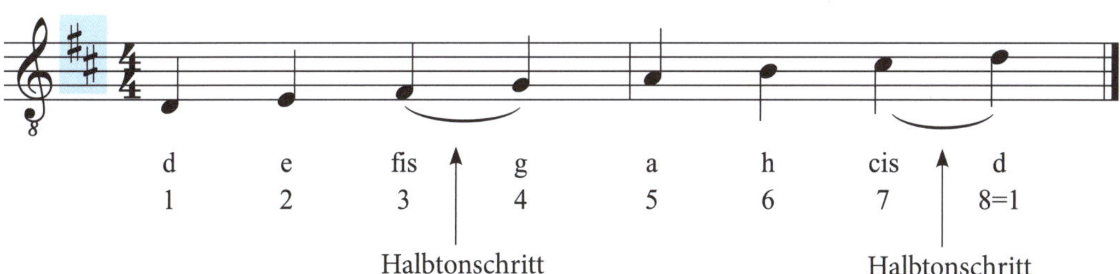

Die Moll-Tonleiter

Natürliche Moll-Tonleiter

Die natürliche Moll-Tonleiter (reines Moll) wird von der Durtonleiter abgeleitet und beginnt auf ihrem 6. Ton.

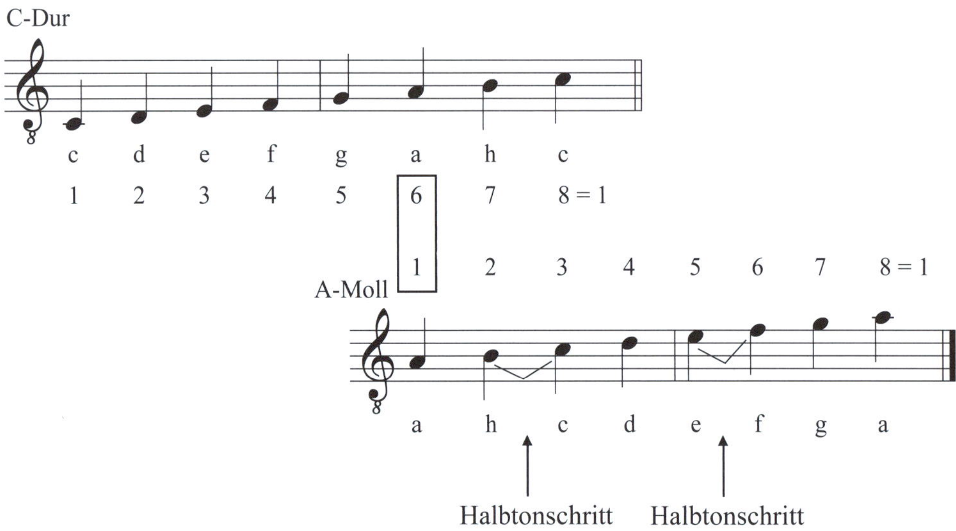

Charakteristisch für den Unterschied zwischen Dur und Moll ist das Intervall der kleinen Terz zwischen Grundton (1) und Terz (3) in der Moll-Tonleiter:

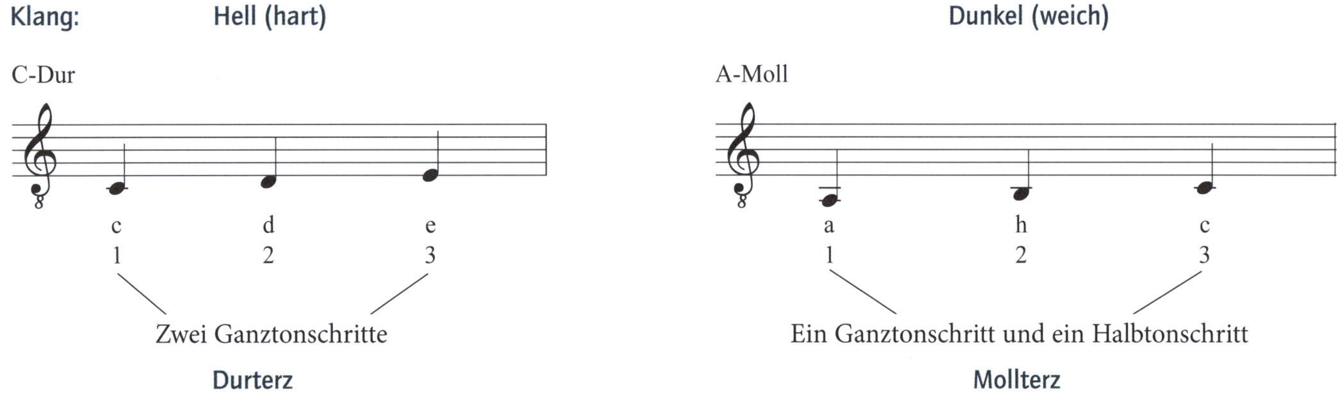

A-Moll hat die gleichen Töne wie C-Dur, nur dass sich die Halbtonabstände verschieben.
Wir sprechen deshalb von der parallelen Molltonleiter.
Die Halbtonschritte befinden sich nun zwischen dem 2. und 3. und 5. und 6. Ton. Die Tonleiter klingt dunkler.
Zur parallelen Molltonleiter kannst du auch gelangen, wenn du drei Halbtonschritte nach unten rechnest.

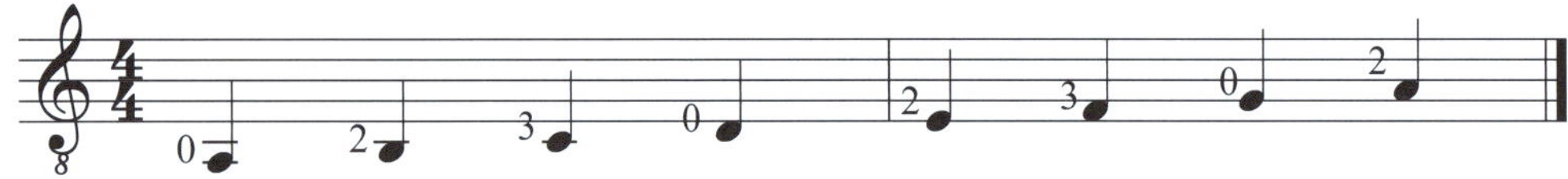

Ein Song in der parallelen Moll-Tonart hat die gleichen Vorzeichen wie die entsprechende Dur-Tonart.

Neuer Akkord: A^7

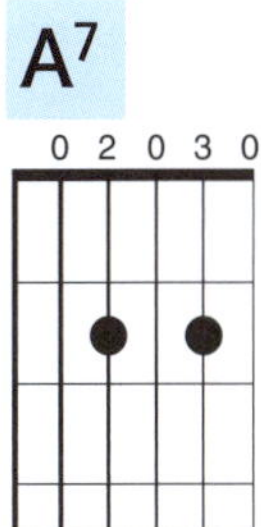

Übung: Akkordwechsel D - A^7

3. Finger beim Akkordwechsel nicht absetzen!

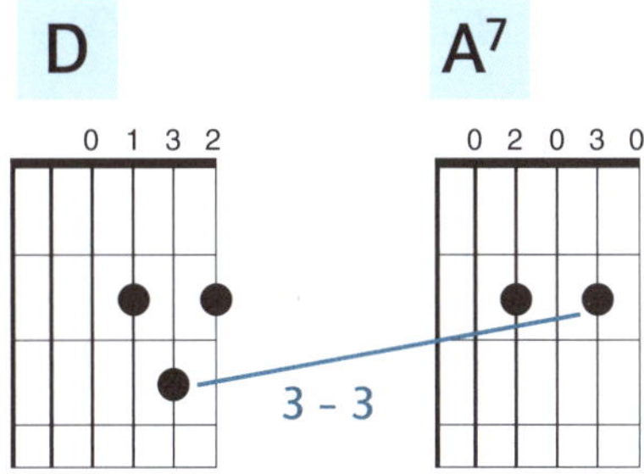

Schlagbegleitung

Bei diesem Begleitrhythmus wird zweimal hintereinander eine „und-Note“ gespielt. Bei den „und-Noten“ schlägt die rechte Hand nach oben (**V**). Der Bewegungsablauf der rechten Hand verläuft nach folgendem Schema:

> 2 x nach unten schlagen (⊓)
> 2 x nach oben schlagen (V)
> 1 x nach unten schlagen (⊓)

Track 53 Übung

Klopf oder klatsch den Rhythmus zunächst und spiel ihn dann auf einem Akkord. Wichtig ist dabei, dass du gleichmäßig mitzählst. Die „3“ wird zwar mitgezählt, aber nicht angeschlagen. Der Zupfrhythmus verläuft nach dem gleichen Schema wie der Schlagrhythmus.

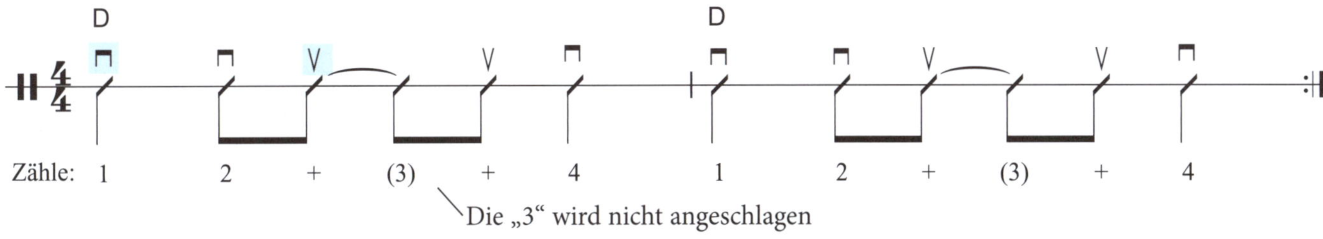

Rhythmus-Pattern

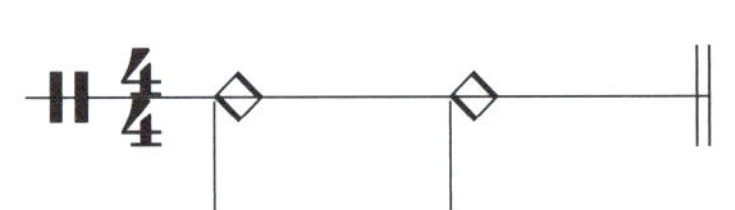

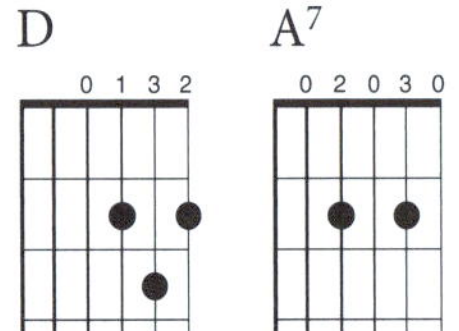

Der Ton Cis

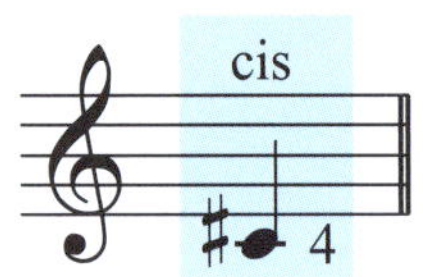

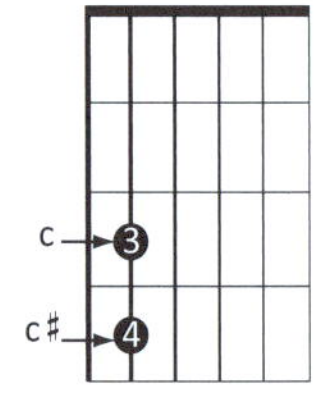

Track 54 Skip To My Lou

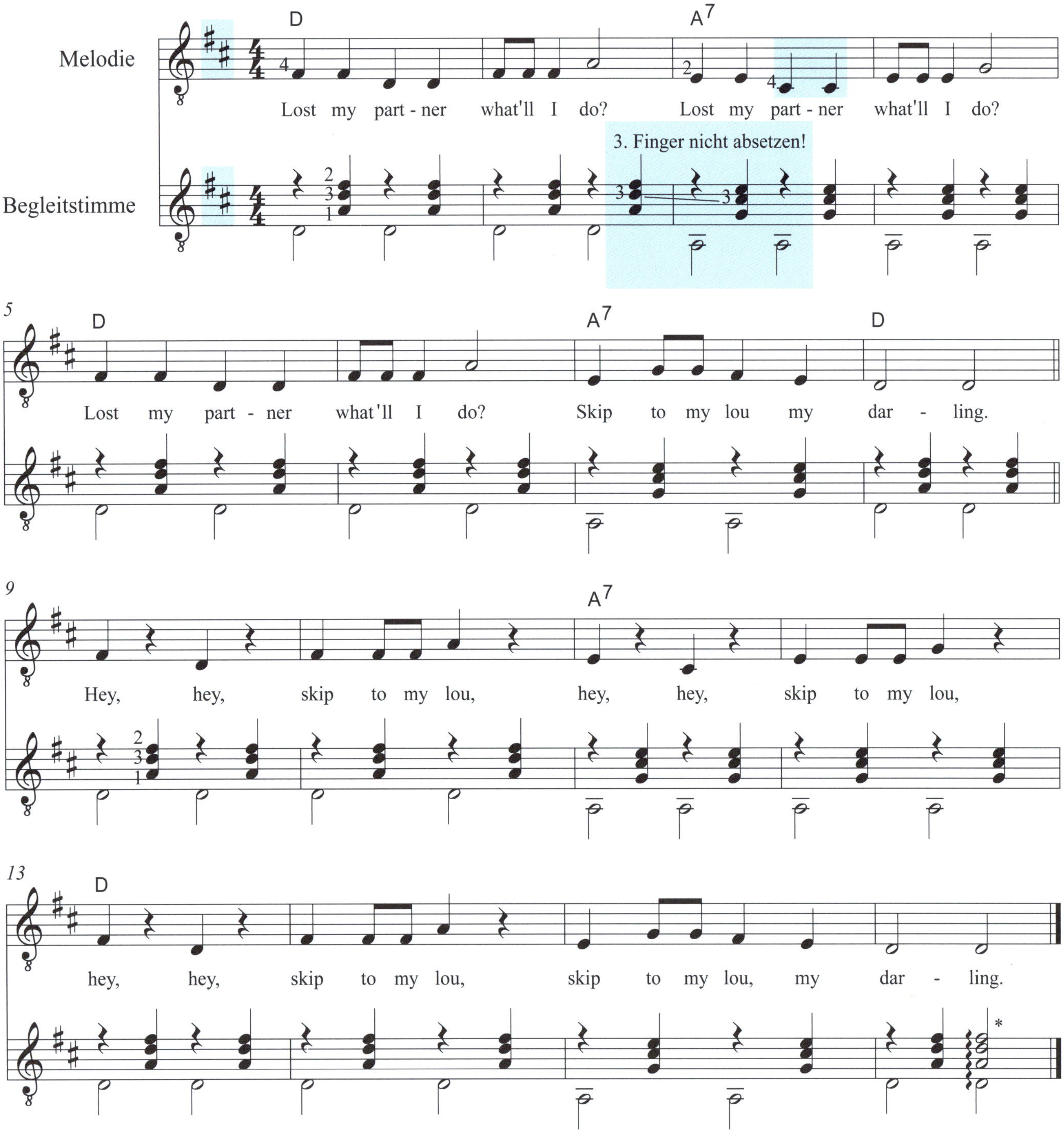

Melodie / Begleitstimme

D — A7

Lost my part - ner what'll I do? Lost my part - ner what'll I do?

3. Finger nicht absetzen!

5 D — A7 — D

Lost my part - ner what'll I do? Skip to my lou my dar - ling.

9 A7

Hey, hey, skip to my lou, hey, hey, skip to my lou,

13 D

hey, hey, skip to my lou, skip to my lou, my dar - ling.

* Arpeggio: Mit dem Daumen von der d- bis zur e' Saite durchstreichen, sodass jede Saite einzeln zu hören ist.

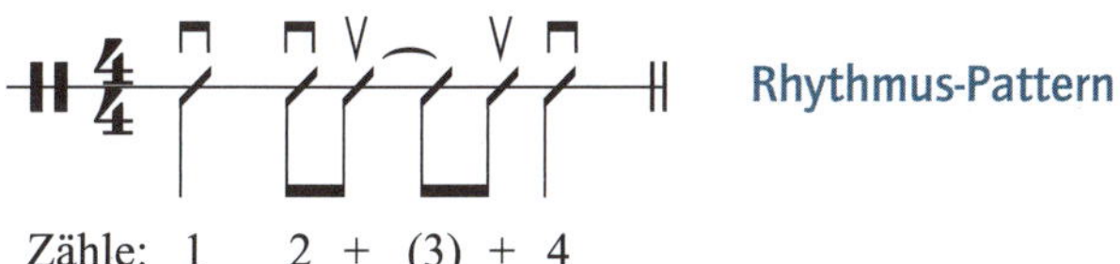

Rhythmus-Pattern

Achte auf die Viertelpause auf der Zählzeit „1“ im vorletzten Takt.

Track 55 Rock My Soul

Spiritual

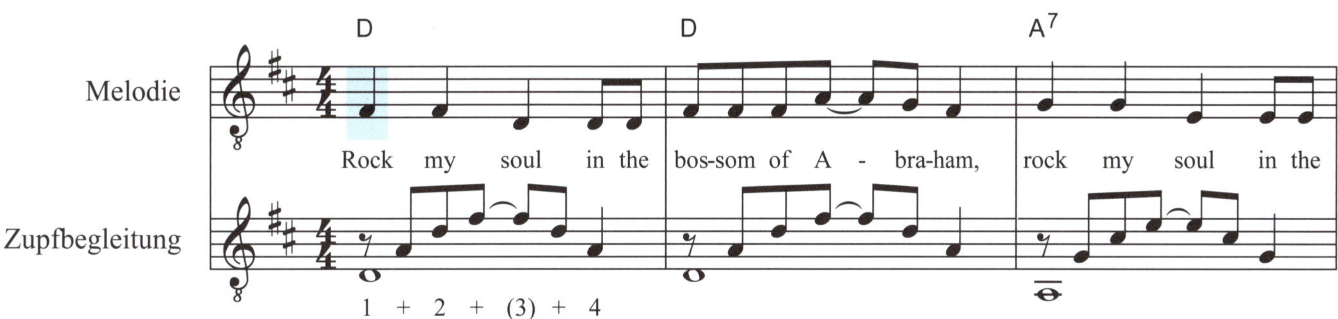

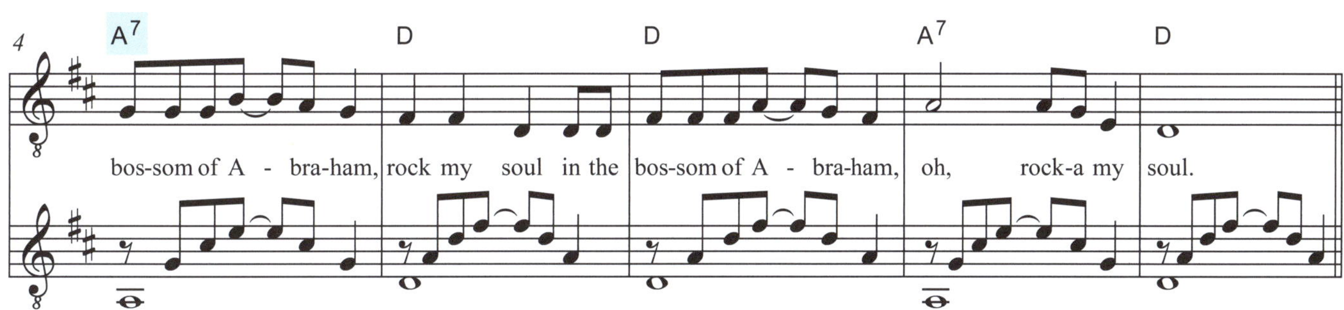

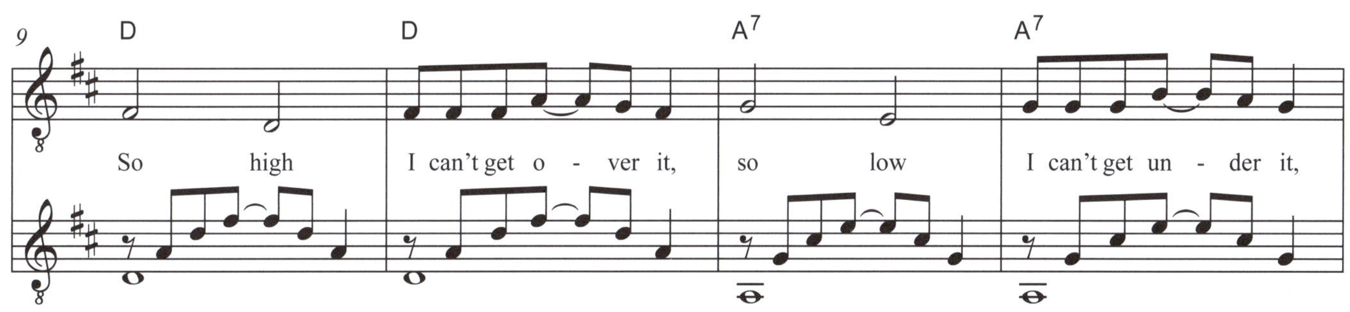

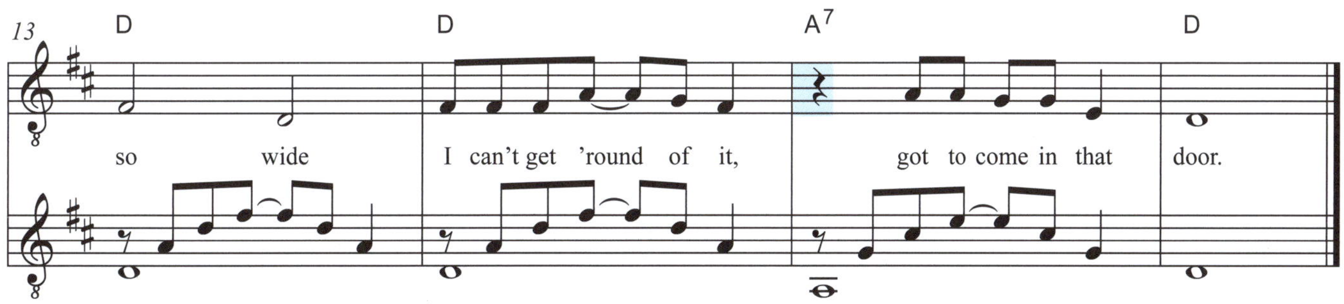

Geschlossener Anschlag mit Wechselbass

Hier wird der geschlossene Anschlag mit drei Fingern der rechten Hand gespielt. Der Daumen spielt einen Wechselbass. Der Wechselbass besteht aus dem Grundton – das ist der Ton, nachdem der Akkord benannt wird – und der Quinte. Quinte heißt „fünf", denn die Quinte ist fünf Töne vom Grundton entfernt (siehe D-Dur-Tonleiter Seite 49).

Track 56 Wechselbass-Übung

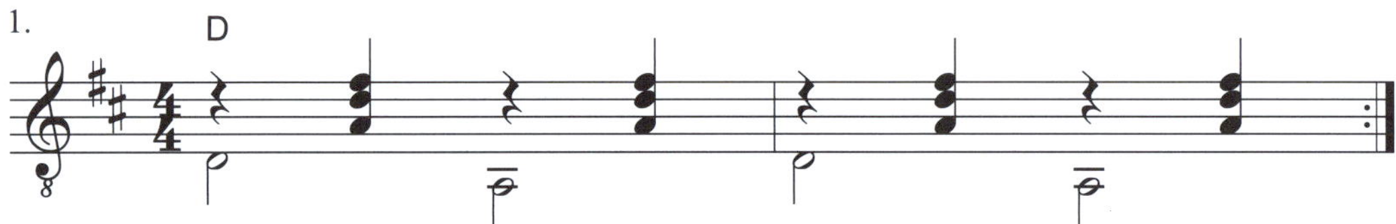

Beim Wechselbass kann auch mit (der Quinte) e begonnen werden, wie wir beim A⁷ sehen, denn das klingt in diesem Zusammenhang besser. Die Viertelnoten sollen länger klingen, die Pausen stehen hier nur wegen der besseren Lesbarkeit.

Swingphrasierung

Normalerweise werden Viertel in zwei gleich lange Achtelnoten aufgeteilt. Bei der Swingphrasierung teilt man ein Viertel in drei Einheiten auf. Davon spielt man allerdings nur die erste und die dritte Einheit, das heißt dann „Swingphrasierung".

ÜBUNG 1

1. Klopfe und spreche die Notenwerte der Swingachtel von „einerlei" bis „viererlei". Auf jede Silbe fällt ein Schlag.
2. Sprich die Silben weiter, lass aber jetzt beim Klopfen den Schlag auf der zweiten Silbe „er" weg.
   Dann klopfst du Achtel in Swingphrasierung.

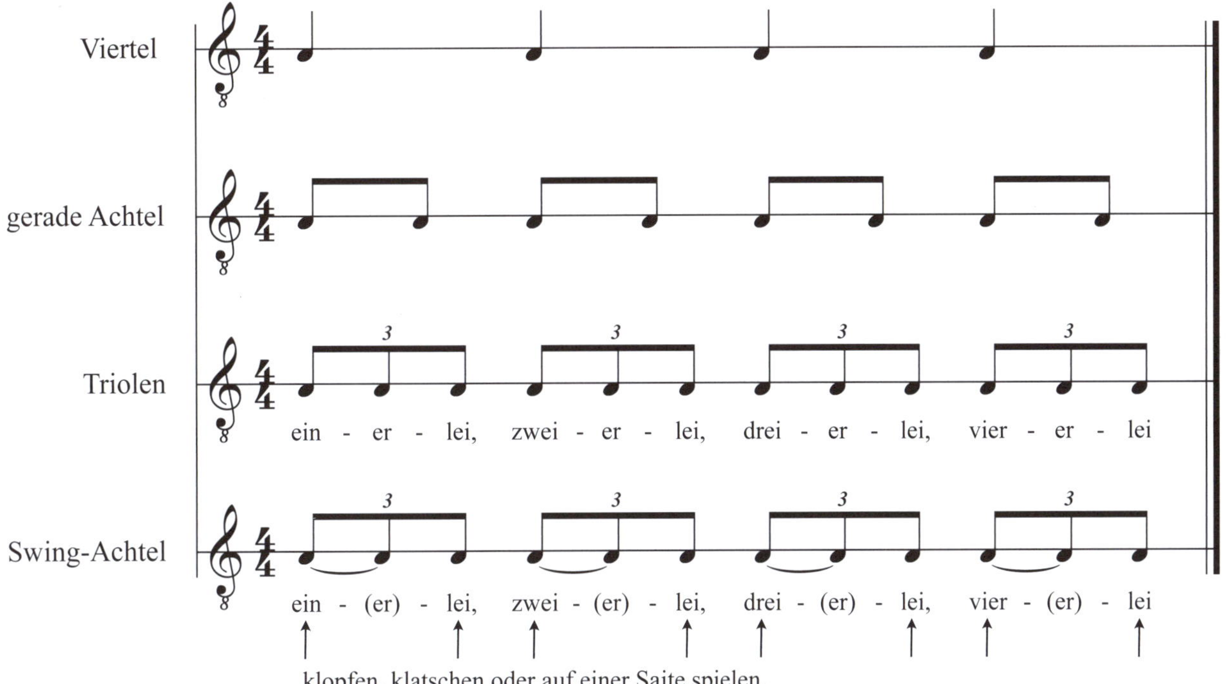

Track 57 **ÜBUNG 2**

1. Spiel die Swingphrasierung mit D-Dur. Zähle wieder von „einerlei" bis „viererlei", und schlag die Saiten auf der ersten Silbe mit einem Abschlag und auf der dritten Silbe („-lei") mit einem Aufschlag an.
2. Nun spielen wir folgenden Rhythmus in Swingphrasierung:

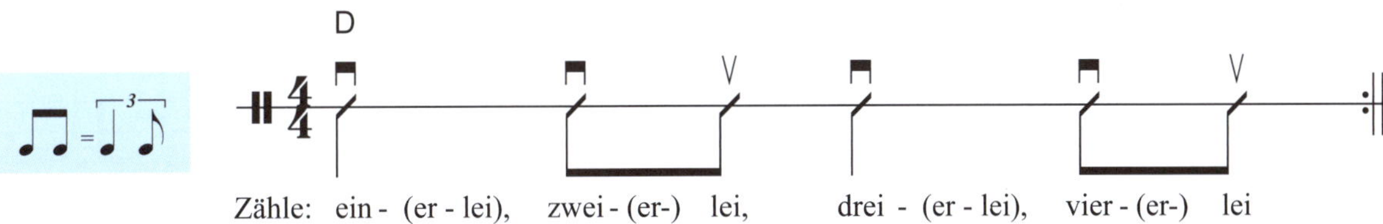

Achtel in der Melodie werden auf die gleiche Art und Weise gespielt.

> **Stücke, die in Swingphrasierung gespielt werden sollen, erkennt man an dem Zeichen ♫ = ♩♪ (Triole) am Anfang des Stücks.**

Rhythmus-Pattern

Zähle: 1 2 + 3 4 +

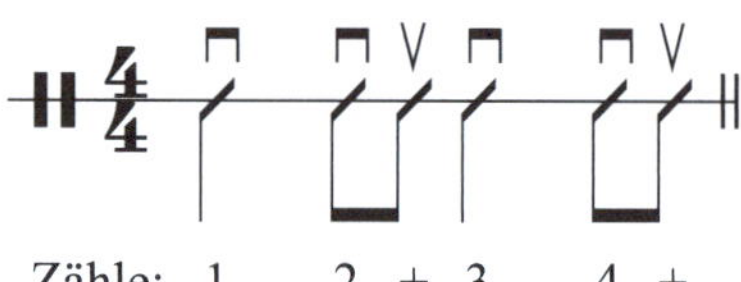

Akkorde in diesem Lied

D
0 1 3 2
A7
0 2 0 3 0
D7
0 2 1 3
G
2 x 0 0 0 3

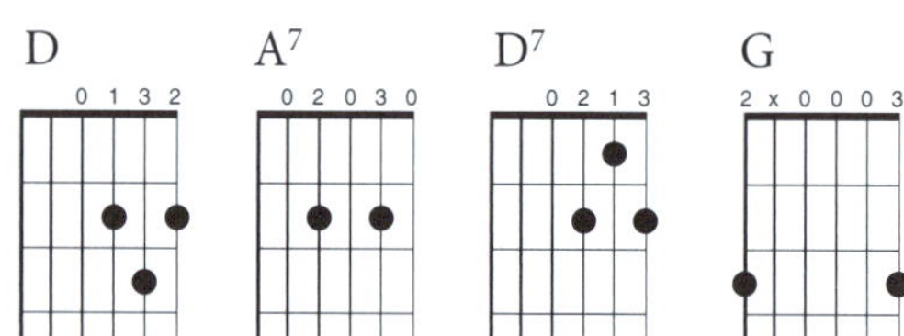

Track 58 Banks Of The Ohio

Traditional

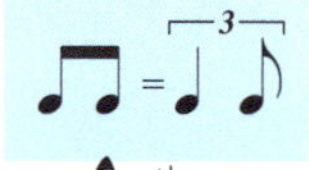

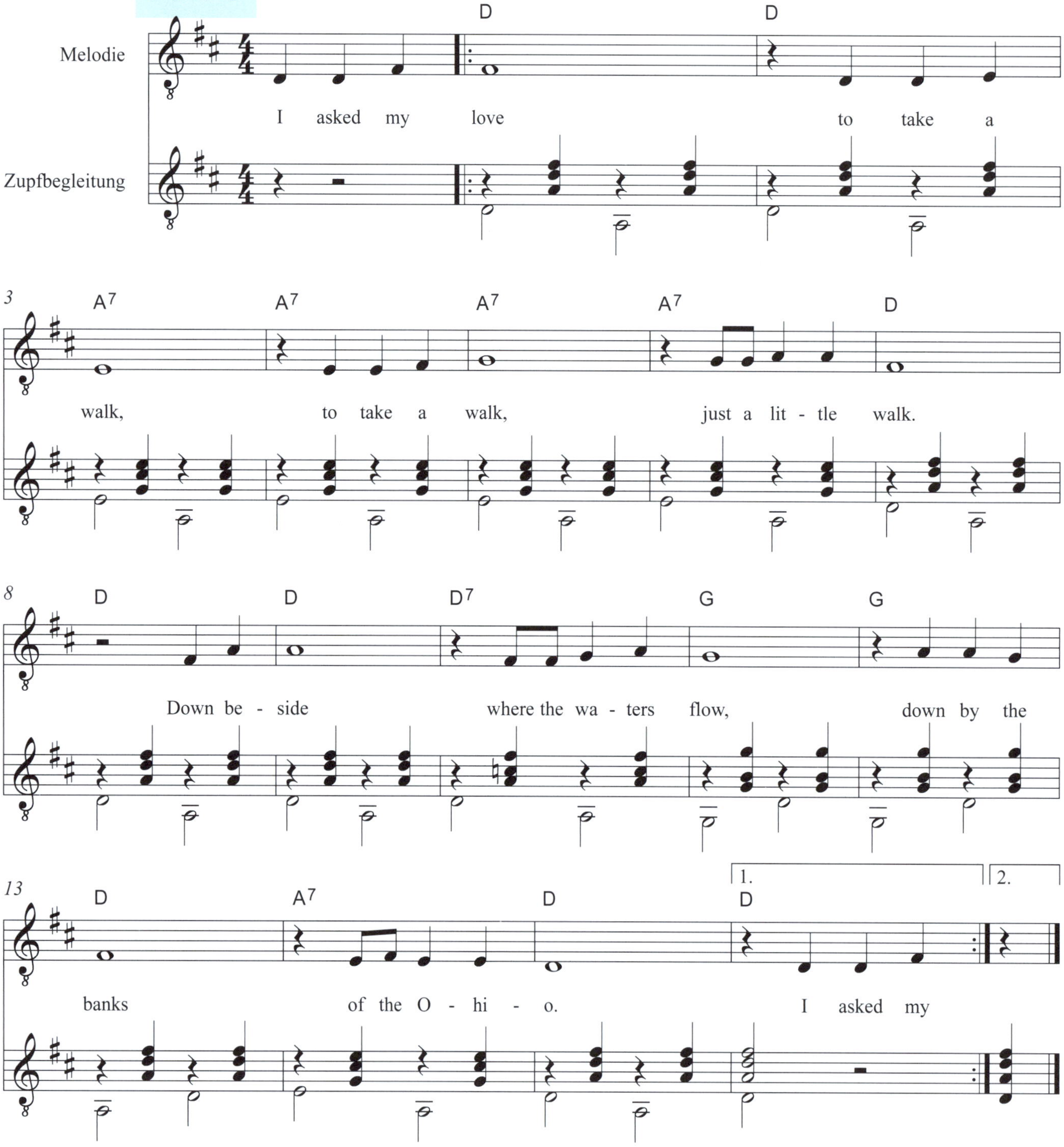

Melodie
Zupfbegleitung
D D A7 A7 A7 A7 D
I asked my love to take a walk, to take a walk, just a lit - tle walk.
D D D7 G G
Down be - side where the wa - ters flow, down by the
D A7 D D
1. 2.
banks of the O - hi - o. I asked my

Blues

Ein Blues besteht aus einer typischen Akkordfolge, die über 12 Takte verläuft. Nach 12 Takten beginnt das Blues-Schema wieder von vorne. Ein weiteres charakteristisches Merkmal des Blues sind seine Septakkorde. Der „Backwater Blues" steht in „A", weil er mit einem A^7-Akkord beginnt.

Bluesbegleitung 1

A^7

Die grundlegende Gitarrenblues-Begleitung spielt sich nur auf zwei Saiten ab. Über den Akkord A^7 begleiten wir mit der A- und d-Saite. Der Zeigefinger der linken Hand liegt dabei im 2. Bund – man spricht dann auch davon, dass er sich in der 2. Lage befindet.

Wir beginnen auf der d-Saite. Beachte, dass der Zeigefinger (1) im zweiten Bund liegt, das fis wird mit dem Ringfinger (3) im 4. Bund gespielt.

Bei dieser Bluesbegleitung lässt du den Zeigefinger (1) am besten liegen.

Jetzt nehmen wir noch die leere A-Saite hinzu, und die Begleitung für den A^7-Akkord ist komplett. Schlage die A- und d-Saite mit dem Daumen gleichzeitig an. Andere Saiten sollten dabei nicht mitklingen.
Alternativ kannst du die Saiten auch mit dem Daumen und dem Zeigefinger zupfen.

Track 59

D^7

Für die D⁷-Begleitung verwenden wir das gleiche Prinzip, spielen es jetzt aber auf der d- und g-Saite. Den Ton *h* spielen wir hier nicht auf der Leersaite, sondern im 4. Bund der g-Saite.

E^7

Wieder das gleiche Prinzip, jetzt auf der tiefen E-Saite und auf der A-Saite. Beachte: Das Vorzeichen erhöht das c zum *cis*.

Das Auflösungszeichen ♮

Beim „Backwater Blues“ stehen die Vorzeichen für fis, cis und gis. Normalerweise würden alle diese Töne erhöht gespielt werden. Doch im Stück findest du Auflösungszeichen, die das g und c auf ihre ursprüngliche Tonhöhe zurückversetzen.

Ein Auflösungszeichen gilt wie ein Versetzungszeichen einen ganzen Takt lang.

Rhythmus-Pattern

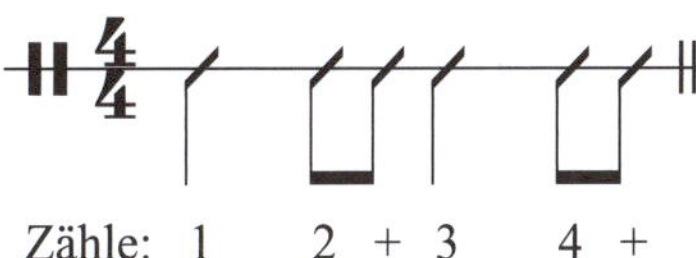

Akkorde in diesem Lied

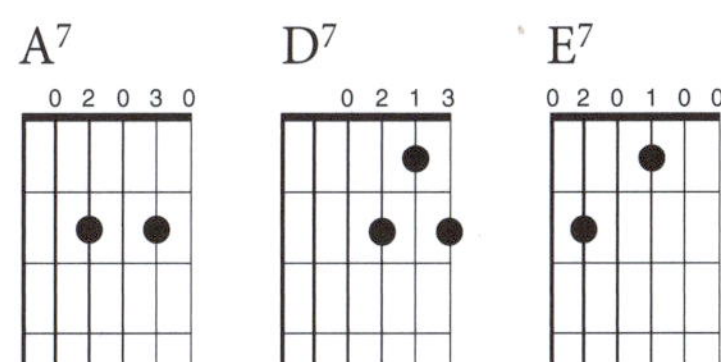

Track 60 Backwater Blues

Blues

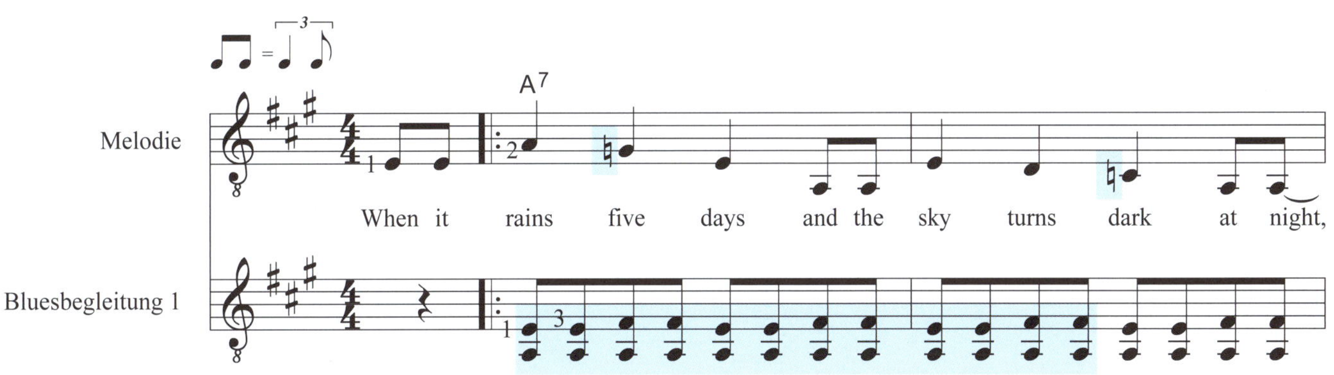

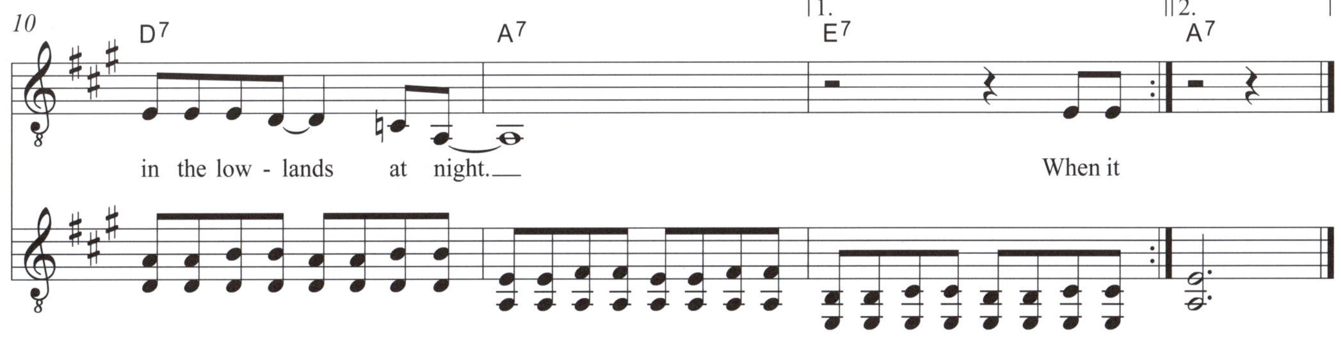

Track 61 Bluesbegleitung 2

Mit Hilfe des 4. Fingers (kleiner Finger) kannst du diese gut klingende Bluesbegleitung spielen.

Bei A⁷ spielst du das g im 5. Bund auf der d-Saite.

Bei D⁷ spielst du das c im 5. Bund auf der g-Saite.

Bei E⁷ spielst du das d im 5. Bund auf der A-Saite.

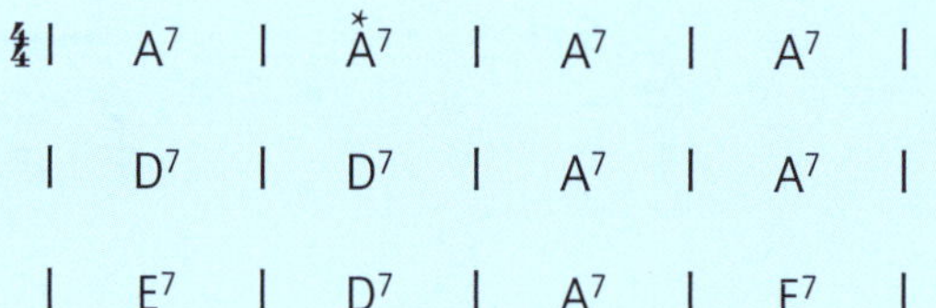

TIPP

Lern das Blues-Begleitschema auswendig und spiel es nicht nach Noten.

4/4				
	A7	A7*	A7	A7
	D7	D7	A7	A7
	E7	D7	A7	E7

* Im zweiten Takt kannst du auch D7 spielen.

Track 62 New Love Blues

Zu „New Love Blues“ kannst du Bluesbegleitung 1 oder 2 spielen.

Trioole

Bei der Swingphrasierung hast du schon eine in drei Einheiten aufgeteilte Viertelnote kennengelernt. Wenn wir alle drei Einheiten spielen, erhalten wir eine Achteltriole. Im ersten Takt von „Amazing Grace“ steht zum Beispiel eine Achteltriole. Sie steht auf der Zählzeit „3“ und kann mit den Silben „drei-er-lei“ gezählt werden.

> **Triolen erkennt man an einer „3“, die an den Notenhälsen steht.**

Achteltriole

Neuer Akkord: A-Dur

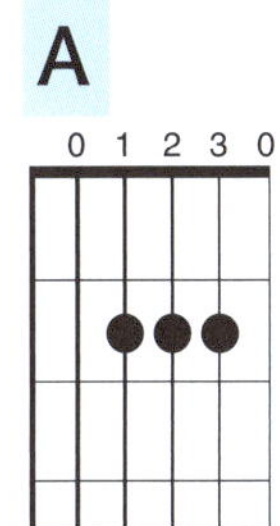

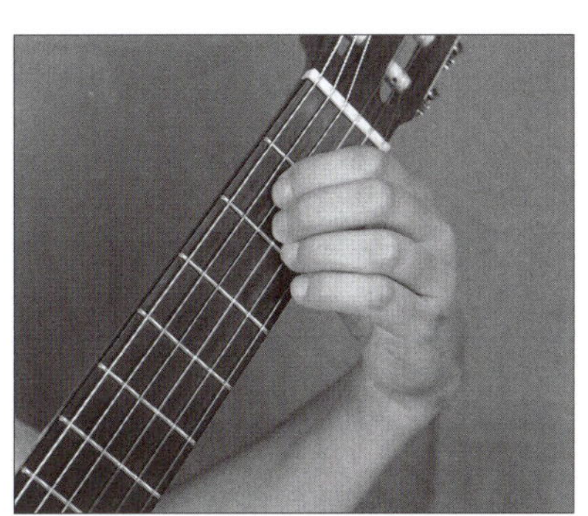

Übung Zupfbegleitung

Bei dieser Begleitung schlagen Mittel- und Ringfinger der rechten Hand gleichzeitig die h- und e'-Saite an. Beachte: Der A-Dur-Akkord für die Zupfbegleitung wird anders gegriffen als der A-Dur für die Schlagbegleitung.

Track 63 ÜBUNG 3

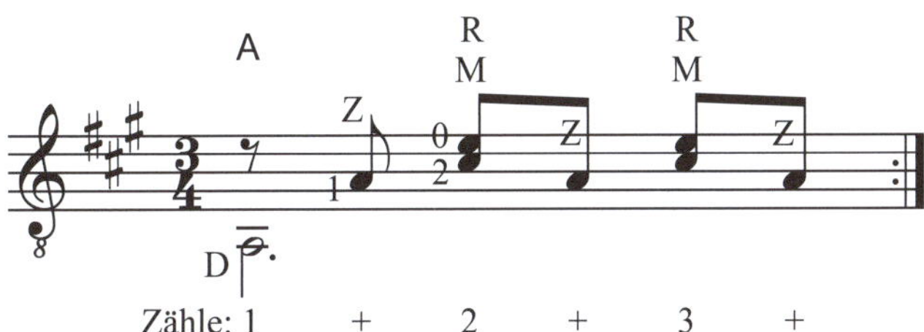

ÜBUNG 4

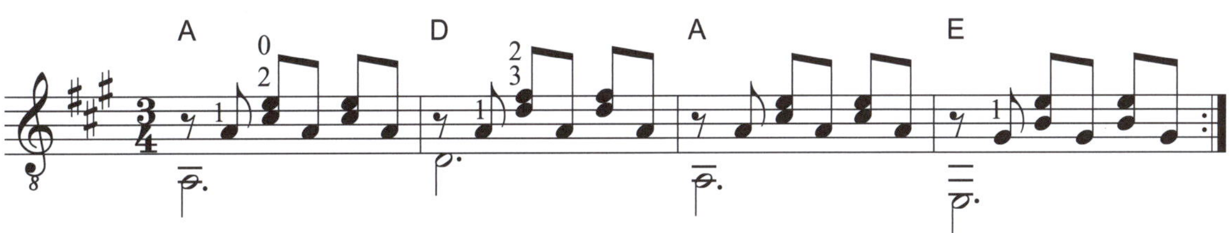

Rhythmus-Pattern

Zähle: 1 2 + 3 +

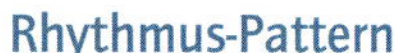

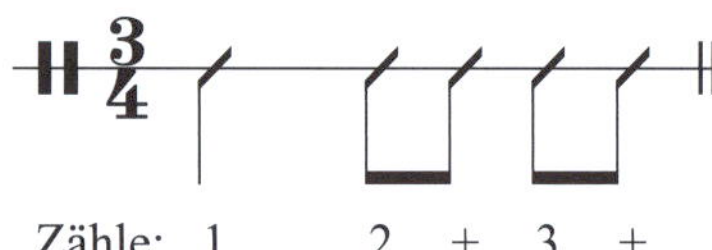

Akkorde in diesem Lied

A
D
E
E7

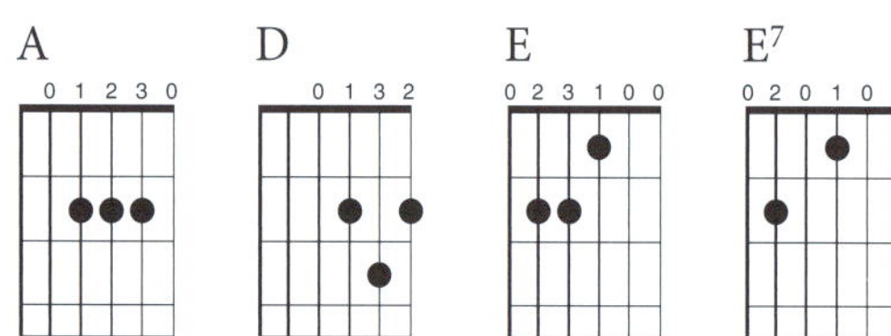

Beachte den Fingersatz!

Track 64

Amazing Grace

Traditional

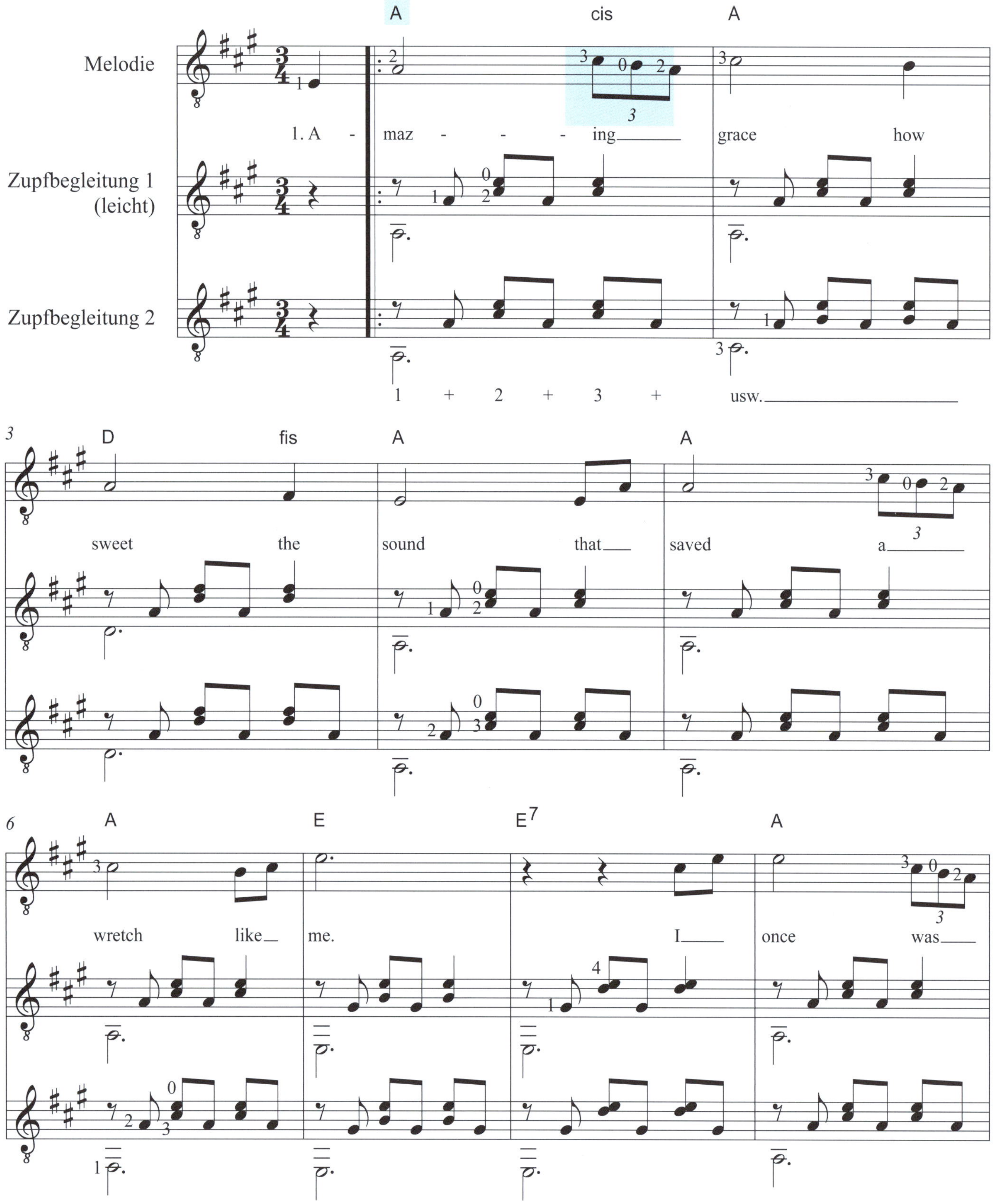

Melodie
Zupfbegleitung 1 (leicht)
Zupfbegleitung 2
A cis A
1. A - maz - - - ing grace how
1 + 2 + 3 +
usw.
D fis A A
sweet the sound that saved a
A E E7 A
wretch like me. I once was

2.

A D A
'T was grace that taught my heart to fear.
A E E7
And grace, my fears relieved.
A D A
How precious did that grace appear
A E A
The hour I first believed.

3.

A D A
Through many dangers, toils and snares
A E E7
We have already come.
A D A
'T was grace that brought us safe thus far
A E A
And grace will lead us home.

4.

A D A
The Lord has promised good to me.
A E E7
His word my hope secures.
A D A
He will my shield and portion be
A E A
As long as life endures.

LEKTION 7

Neuer Akkord: D-Moll

Schlag D-Moll ab der d-Saite an. Die tiefen E- und A-Saiten sollen nicht klingen.

AKKORDÜBUNG

Spiel abwechselnd einen Takt Am und Dm. Wiederhole die Akkordfolge einige Male.

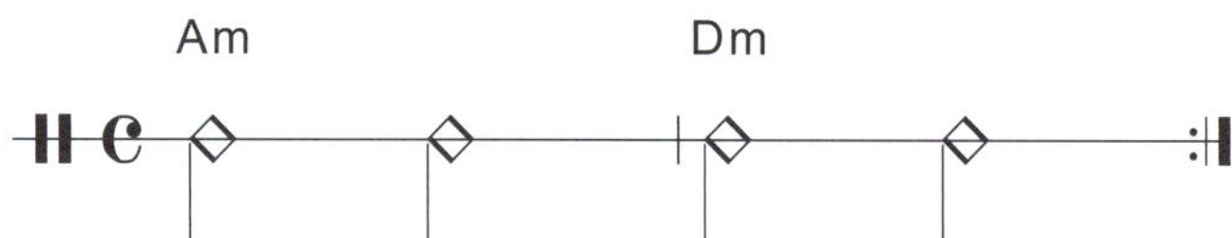

Rhythmus-Pattern

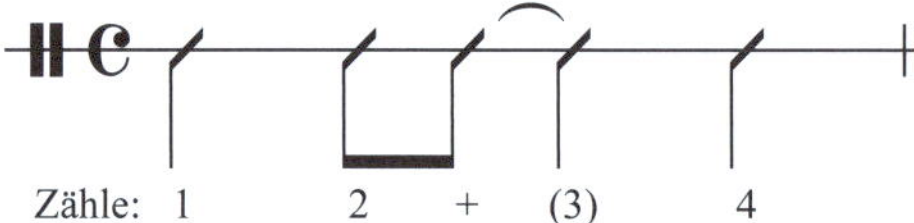

Akkorde in diesem Lied

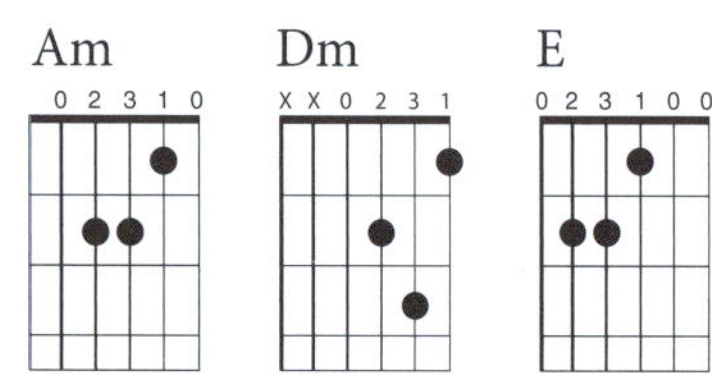

Track 65 Bella Ciao

Traditional

Neuer Akkord: C^7

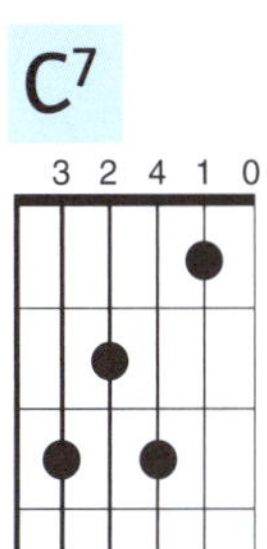

Versetzungszeichen und Vorzeichen ♭

So, wie man eine Note mit einem Kreuz (♯) erhöhen kann, kann man sie auch erniedrigen. Das Zeichen „♭" vor einer Note erniedrigt die Note um einen Halbton (= 1 Bund). Bei dem folgenden Titel „Wade In The Water" steht das ♭ als Vorzeichen auf der h-Linie. Deshalb werden alle h zu einem b (siehe unten) erniedrigt. Auch ein b kann übrigens mit Hilfe des Auflösungszeichens ♮ wieder in ein h verwandelt werden.

Neue Note: *b*

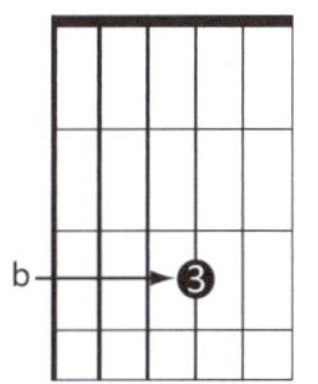

Das b liegt im 3. Bund der g-Saite

Rhythmus-Pattern

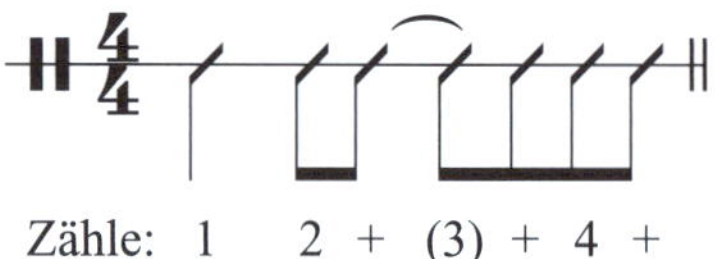

Akkorde in diesem Lied

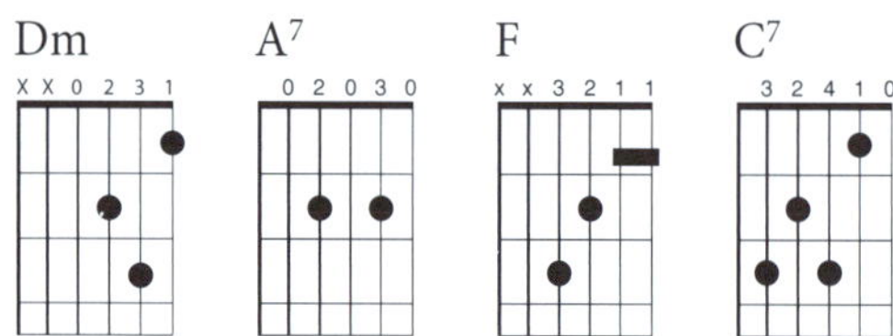

Track 66 Wade In The Water

Spiritual

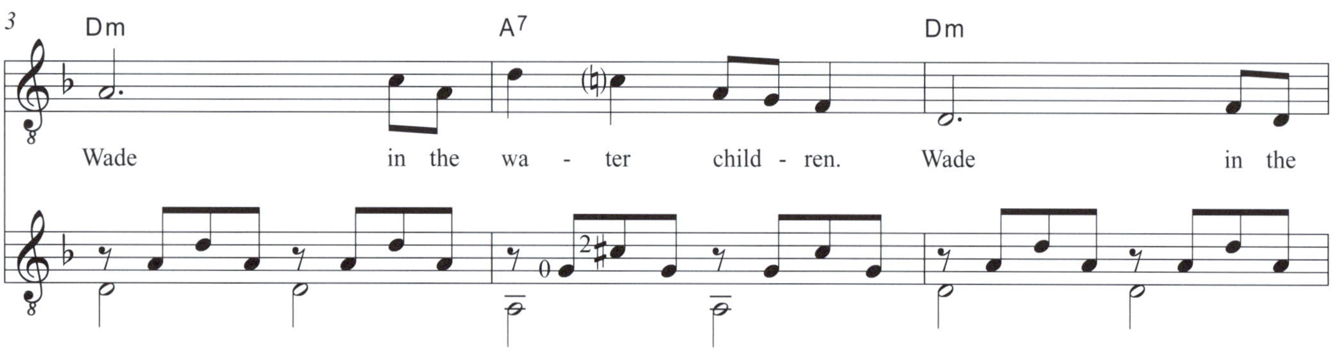

Ab hier neues Rhythmus-Pattern

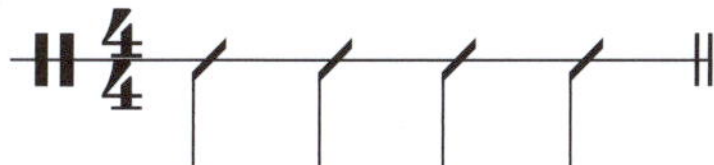

F A7 b

See that band all dressed in white.

Dm A7 Dm C7 F

God's goin' to trou-ble the wa - ter. The lea - der looks like the

A7 Dm Dm A7 Dm

Is - rea - lite. God's goin' to trou-ble the wa - ter.

D.C. al Fine

D.C. al Fine

Am Ende von „Wade In The Water" steht „D.C. al Fine". Das heißt, dass man wieder von vorne (D.C. = da capo = von vorne) bis Fine (= Ende) spielen soll.

Angelegter Wechselanschlag

Bei Stücken mit Melodie -und Bassstimme kann die Melodiestimme mit dem *angelegten* Wechselschlag gespielt werden. Die Melodie kann ebenfalls im angelegten Wechselschlag gespielt werden. Der Ton wird kräftiger und die Melodie tritt deutlicher hervor. Der Daumen kann stützend auf die tiefe E-Saite gelegt werden.
Besteht ein Stück aus Melodie -und Bassstimme, spielt der Daumen die Bassstimme.

1. Der Zeigefinger zupft die hohe e'-Saite an.

2. Unmittelbar danach kommt der Zeigefinger auf der h-Saite zum Ruhen.

3. Nach dem Zeigefinger schlägt der Mittelfinger die Saite an.

4. In dem Moment, in dem der Mittelfinger die Saite berührt, bewegt sich der Zeigefinger in die Ausgangsstellung für den nächsten Anschlag zurück.

5. Der Zeigefinger zupft die Saite erneut an und kommt auf der nächsten Saite zum Ruhen, während sich zeitgleich der Mittelfinger auf den nächsten Anschlag vorbereitet und in seine Ausgangsstellung zurückkehrt.
Der Vorgang erinnert ans Gehen. Erst wenn sich beide Füße auf dem Boden befinden, wird der nächste Schritt vorbereitet. Für uns bedeutet das: Erst wenn beide Finger auf den darüber liegenden Saiten aufliegen, wird der nächste Anschlag vorbereitet.

Anschlagsübungen

Leg den Daumen auf die tiefe E-Saite, ohne diese zu spielen, und schlag die hohe e'-Saite mit dem Zeigefinger an. Danach kommt der Zeigefinger auf der h-Saite zum Ruhen. Als nächstes spielst du das e' mit dem Mittelfinger, auch dieser kommt nach dem Anschlag auf der h-Saite zum Ruhen. Nun hebt der Zeigefinger wieder von der h-Saite ab und schlägt die hohe e'-Saite an usw. Dieser Bewegungsvorgang ähnelt dem Gehen, ein Finger wird wie ein Fuß immer abwechselnd vor den anderen gesetzt.

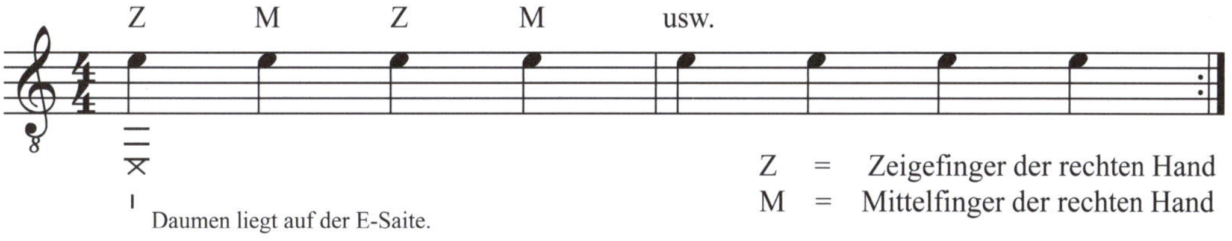

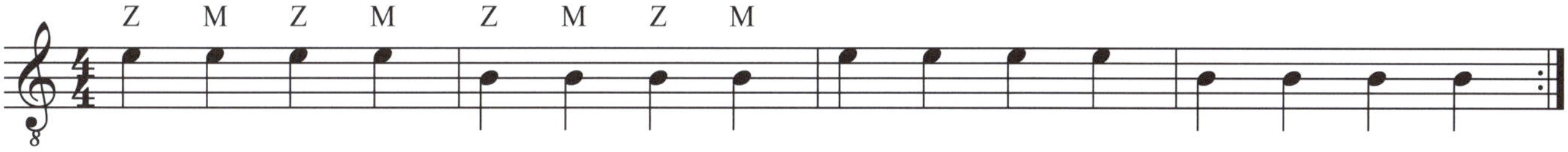

Z M Z M usw.

Daumen liegt auf der E-Saite.

Z = Zeigefinger der rechten Hand
M = Mittelfinger der rechten Hand

Z M Z M usw.

Daumen liegt auf der E-Saite.

Z M Z M Z M Z M

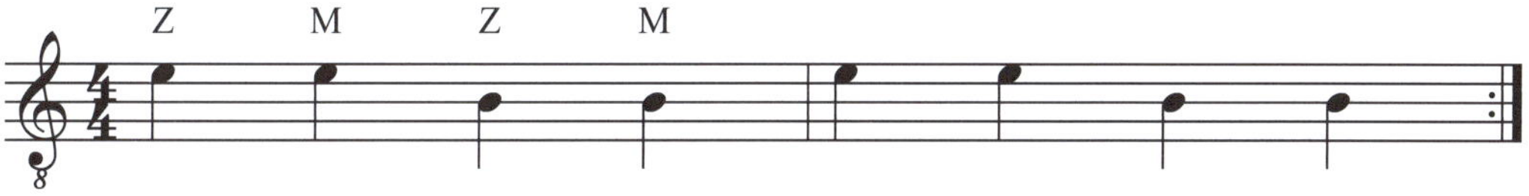

Z M Z M

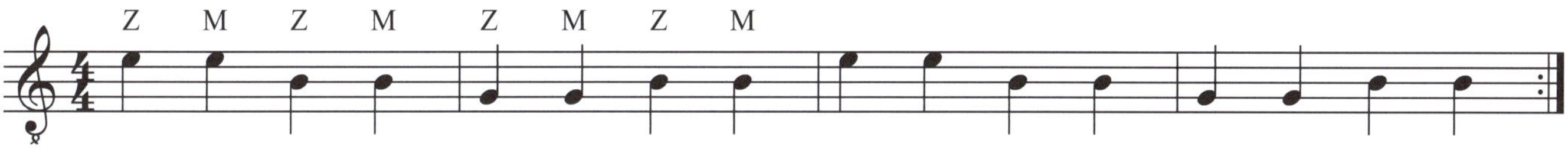

Z M Z M Z M Z M

Melodie- und Bassstimme

Spiele folgende Lieder mit angelegtem Anschlag: First Song (S. 13), Atte katte Nuwa (S. 13), Jingle Bells (S. 15)

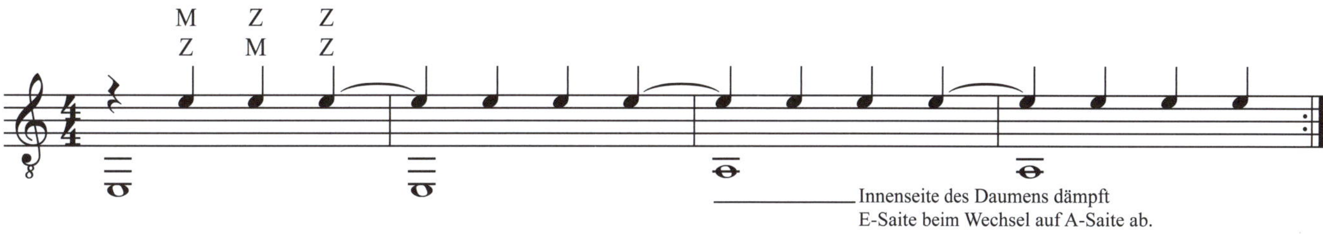

Track 67 Meditation 1

Track 68 Meditation 2

4/4 und C – 2/2 und ¢

Statt der Angabe 4/4 findest du auch häufig das Zeichen C, was ebenfalls 4/4 bedeutet.

Es gibt auch einen 2/2-Takt, in dem meistens das Zeichen ¢ steht.

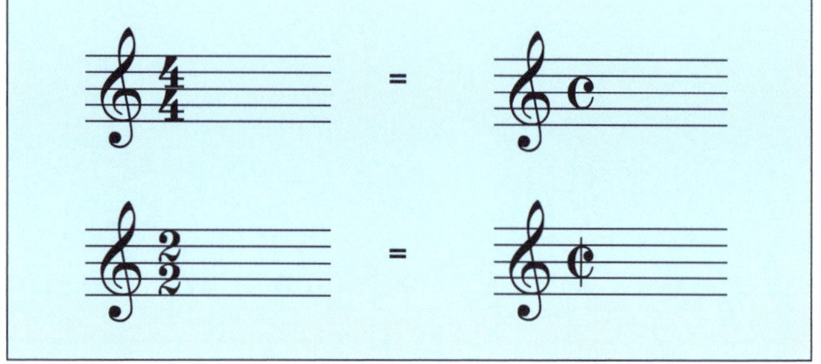

Track 69 Nostalgia

Track 70 Blues in A

Bass- und Melodiestimme gemeinsam

Auch wenn beide Stimmen gemeinsam angeschlagen werden wie am Titelanfang, solltest du versuchen, die Melodiestimme mit angelegtem Anschlag zu spielen.

ÜBUNG

Track 71 Kol Dodi

f und *p*

Versuche, bei „Winterlights“ mal laut und mal leise zu spielen. Dadurch verleihst du dem Stück mehr Ausdruck.
Spiel jeden Teil das erste Mal laut und bei der Wiederholung leise.

f = forte = laut

p = piano = leise

Track 72 Winterlights

Track 73 Musette

Johann Sebastian Bach

*) Ossia (ital. *oder auch*) weist auf eine alternative Spielweise hin.

Track 74 Springtime

Track 75

Bella Ciao

Neuer Akkord: $A^{7/sus4}$

Dieser Akkord wird auch als $A^{7/4}$ notiert.

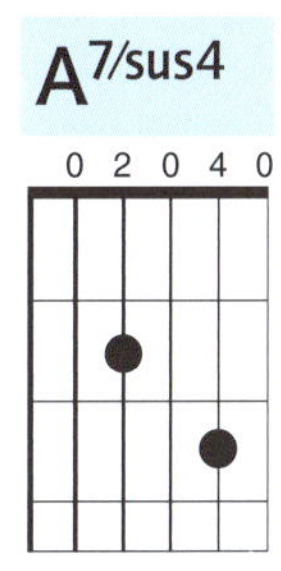

Übung Schlagbegleitung

Track 76

Zwei Takte

Der Begleit-Rhythmus von „Guantanamera" ist in zwei Takte aufgeteilt. Der erste Takt entspricht der rhythmischen Figur des ersten Melodietaktes.

Den zweiten Rhythmus-Takt haben wir zum Beispiel schon bei „Rock My Soul" (s. S. 53) kennen gelernt. Jetzt musst du diese beiden Takte nur noch verbinden.

⊓ = Abschlag V = Aufschlag

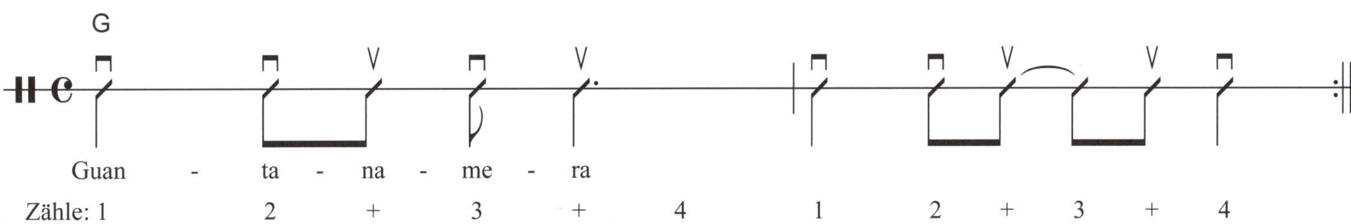

Track 77 **G und $A^{7/sus4}$**

Beim zweiten Takt wechseln wir auf $A^{7/sus4}$

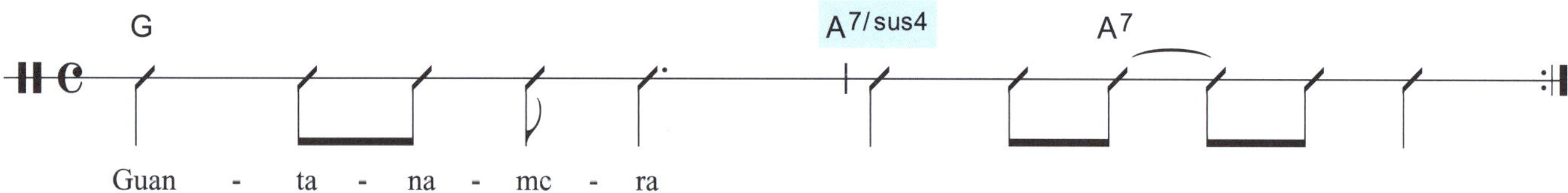

G, $A^{7/sus4}$ und A^7

Im zweiten Takt von „Guantanamera" wird auf der 2+ von $A^{7/sus4}$ auf A^7 gewechselt (erster Aufschlag).

Spiel die Zupfbegleitung mit nicht angelegtem Anschlag, damit möglichst viele Töne weiter klingen.

Rhythmus-Pattern

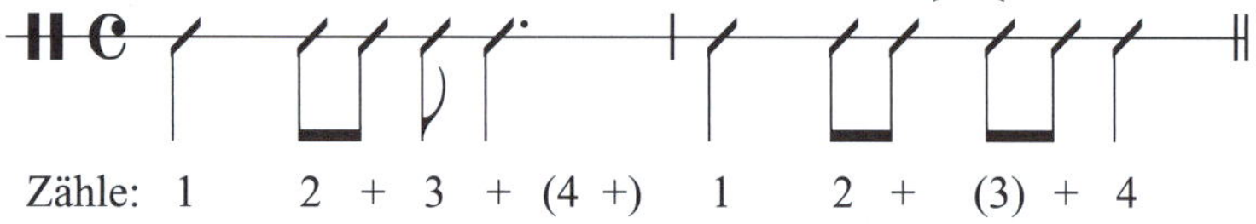

Akkorde in diesem Lied

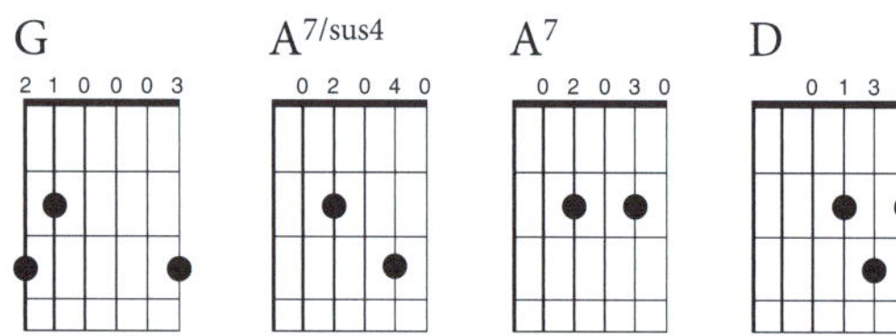

Track 78

Guantanamera

José Fernandez Diaz

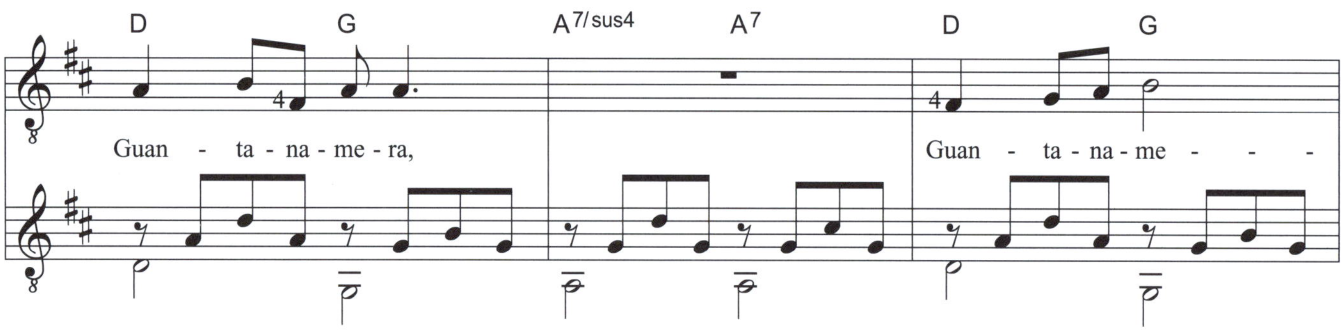

A7/sus4 A7 D G A7/sus4 A7
ra, gua - ji - ra Guan - ta - na - me - - - - ra. Yo soy un
Fine
D G A7 D G
hom - bre sin - ce - ro, de don - de cre - ce la pal - ma,
A7 D G A7
yo soy un hom - bre sin - ce - ro, de don - de
D G A7 D G
cre - - - ce la pal - ma y an - tes de mo - rir me quie - -
A7 D G A7
ro e - char mis ver - sos del al - - - - ma.
D.C. al Fine

Neuer Akkord: B^7 (H^7)

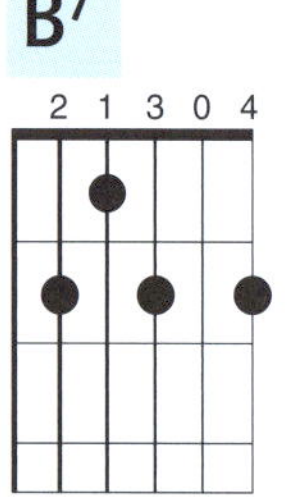

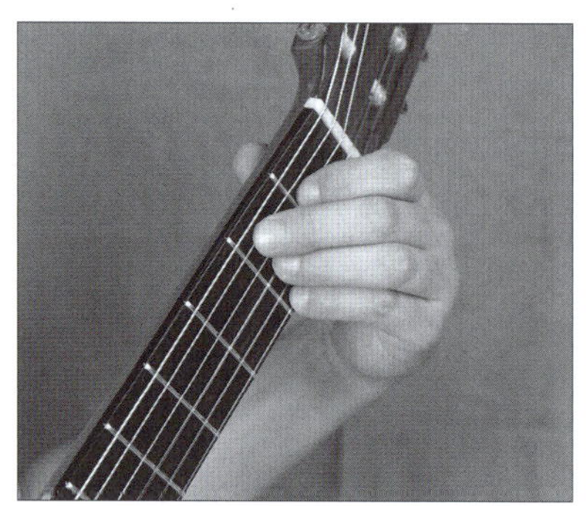

International heißt dieser Akkord „B^7"; auf Deutsch heißt er „H^7".

Das dis im dritten Takt ist ein erhöhtes d und wird im 1. Bund auf der d-Saite gespielt.

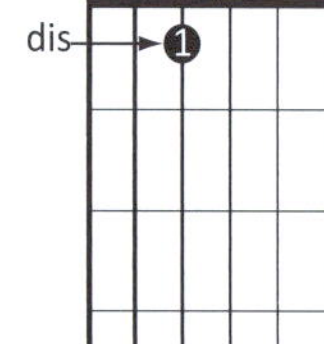

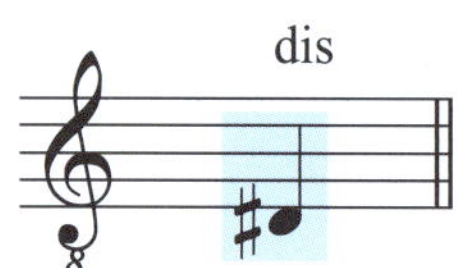

Rhythmus-Pattern

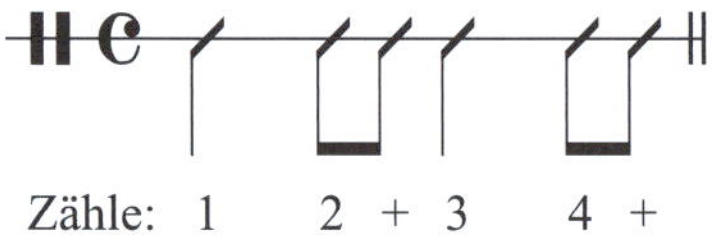

Einfache Zupfbegleitung:

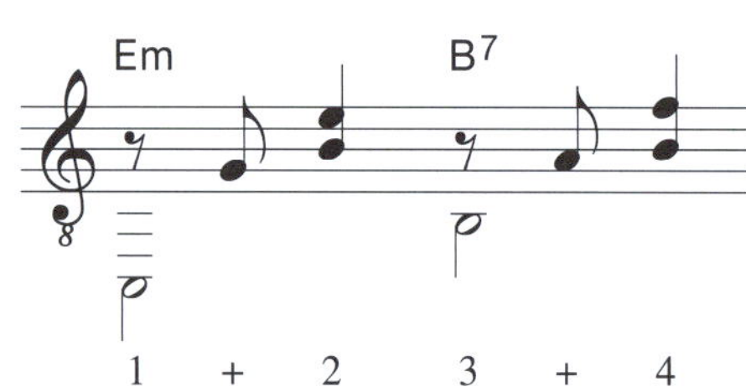

Akkorde in diesem Lied

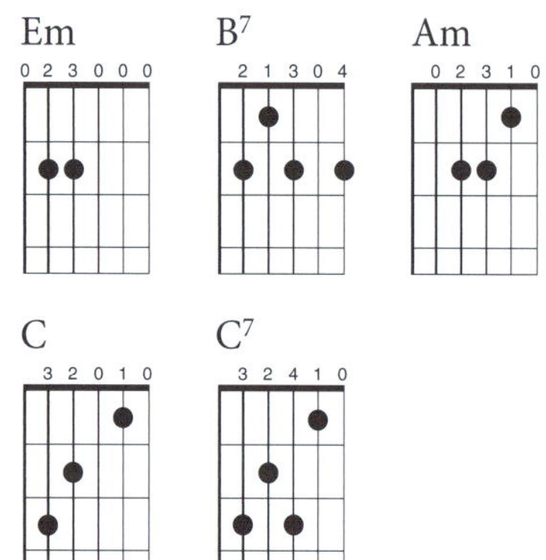

Track 79 Go Down, Moses

Spiritual

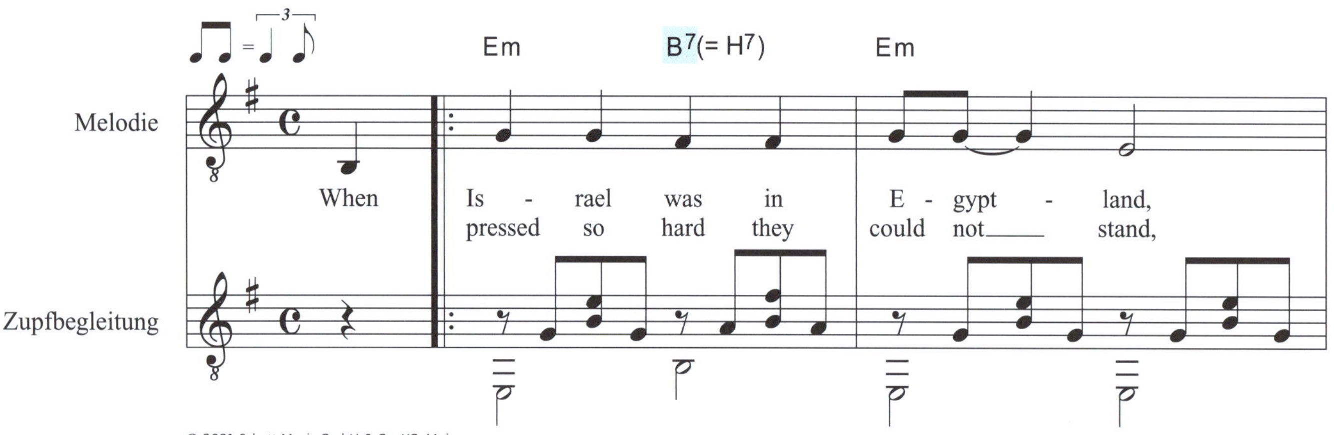

1.
2.
B7
Em
Em
let my peop - le
let my peop - le
go. Opp -
go.
Em
Am
Em B7
Go down,
Mo - ses,
way down in
Em
Em
C C7
E - gypt - land.
Tell ol'
Pha - raoh, to
4
B7
Em
let my peop - le
go.

Lagenwechsel

Der 1. Finger (Zeigefinger) rutscht vom 3. Bund in den 1. Bund (siehe „Spanische Romanze“, Seite 81).

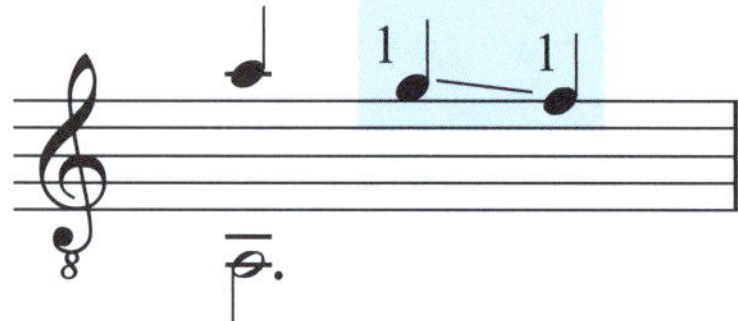

Die II. Lage

Die Position des 1. Fingers gibt immer die Lage an, in der du dich befindest. Er befindet sich hier im 2. Bund, deshalb spricht man von der II. Lage.

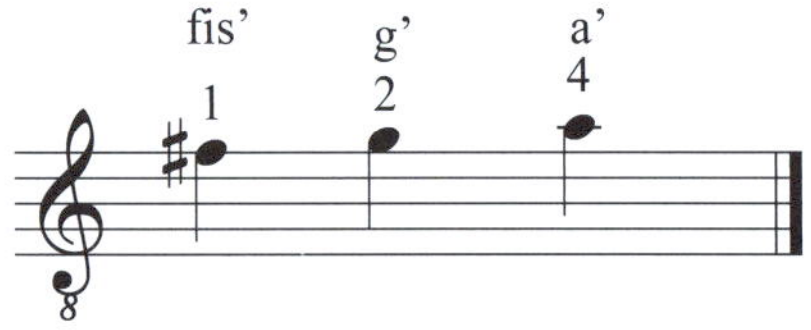

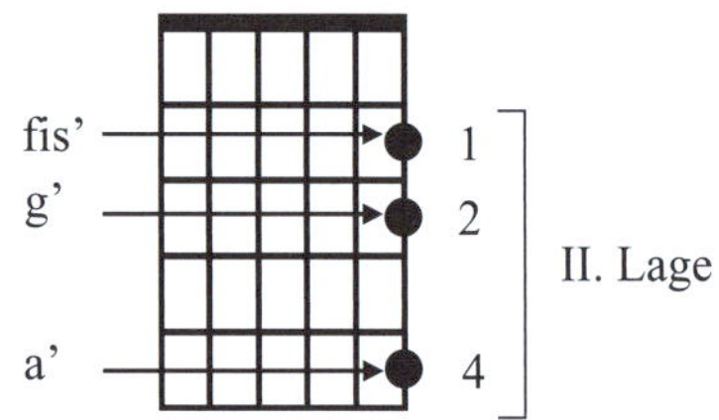

Das hohe gis und a auf der hohen e'-Saite

Die „Spanische Romanze“ enthält im zweiten Teil des Stücks zwei neue Töne, das gis und das a auf der hohen e'-Saite.

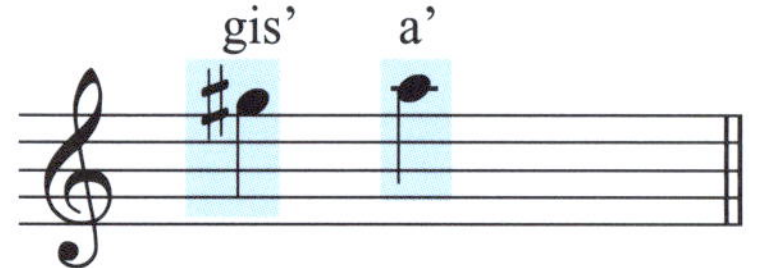

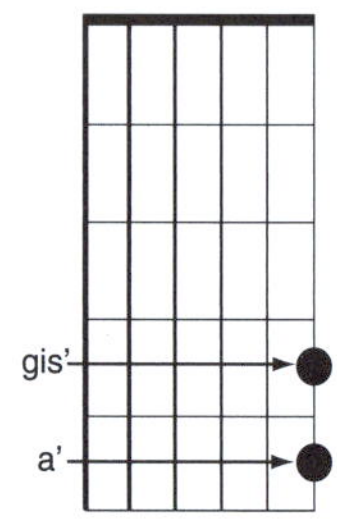

Spiel die „Spanische Romanze“ mit angelegtem Anschlag.

Track 80 Spanische Romanze

Anonym

Track 81 Freude, schöner Götterfunken

Ludwig van Beethoven

* = Synkope siehe S. 28

LEKTION 8

Neuer Akkord: D^{sus4}

Greif den D-Dur-Akkord. Setze zusätzlich den kleinen Finger (4) in den 3. Bund der hohen e'-Saite. Anschließend nimmst du den kleinen Finger herunter, und schon hast du wieder D-Dur.

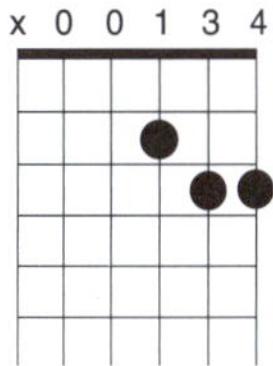

Neuer Ton: F

Im ersten Bund auf der tiefen E-Saite liegt der Ton F.

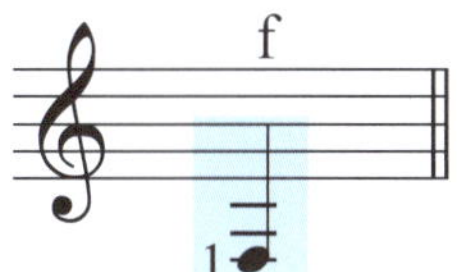

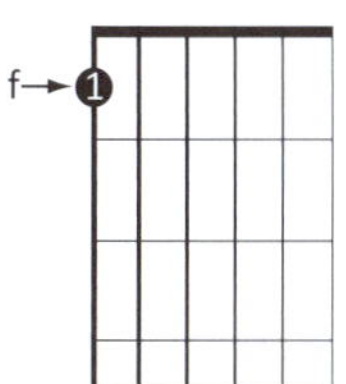

Der große Barré-Griff

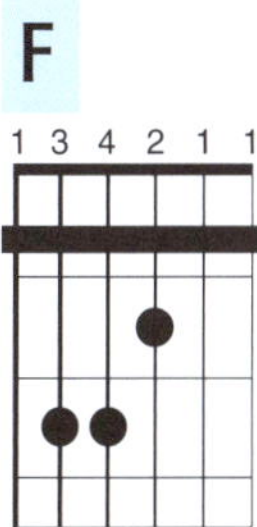

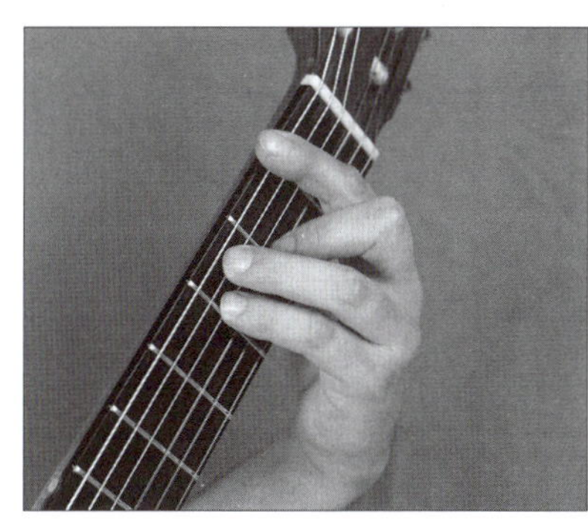

Den kleinen Barré-Griff hast du schon beim F-Dur kennen gelernt: Der Zeigefinger drückt zwei Saiten herunter. Beim großen Barré drückt der Zeigefinger alle sechs Saiten herunter. In der Zupfbegleitung benötigen wir einen großen Barré-Griff für F-Dur.

Für den Schlagrhythmus kannst du F-Dur auch mit großem Barré spielen.

Rhythmus-Pattern

Zähle: 1 2 + 3

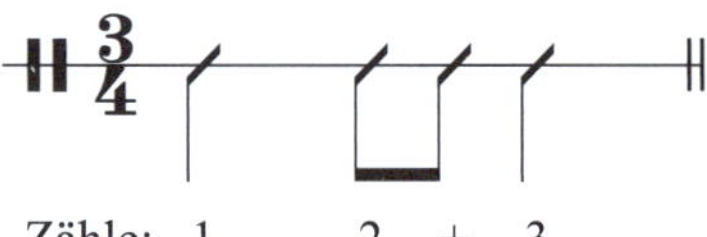

Akkorde in diesem Lied

C
Dm
G
F
Em
Am
Dsus4
D
G7
D7

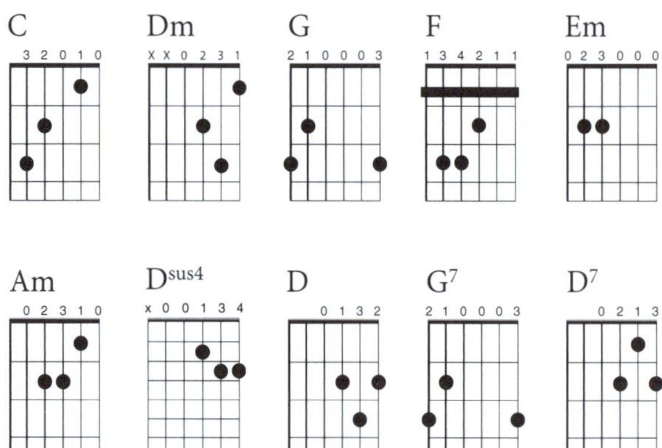

Track 82 Morning Has Broken

Irisches Volkslied

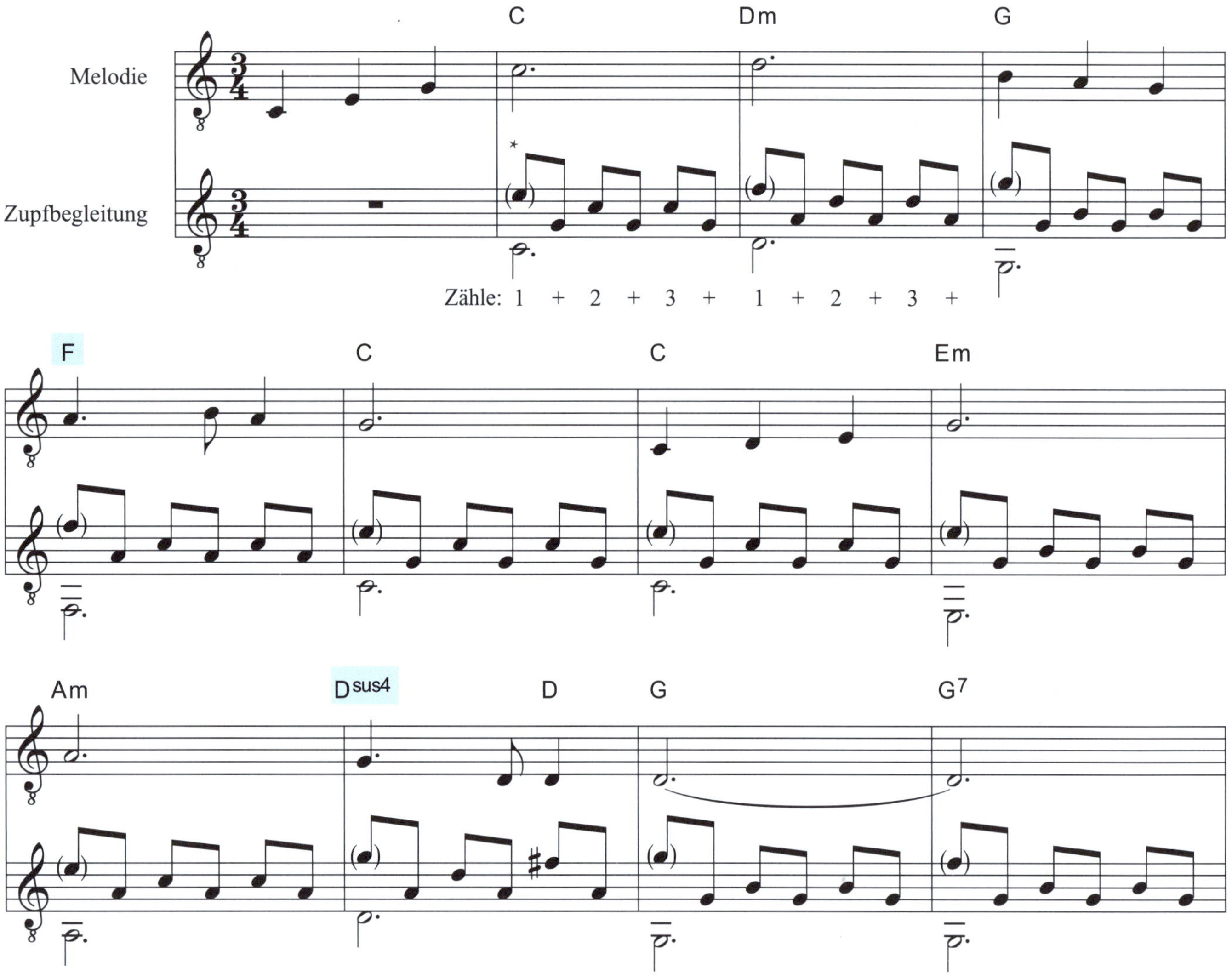

Melodie
Zupfbegleitung
C
Dm
G
Zähle: 1 + 2 + 3 + 1 + 2 + 3 +
F
C
C
Em
Am
Dsus4
D
G
G7

* Die eingeklammerten Töne kannst du auch weglassen, dann ist die Begleitung leichter zu spielen.

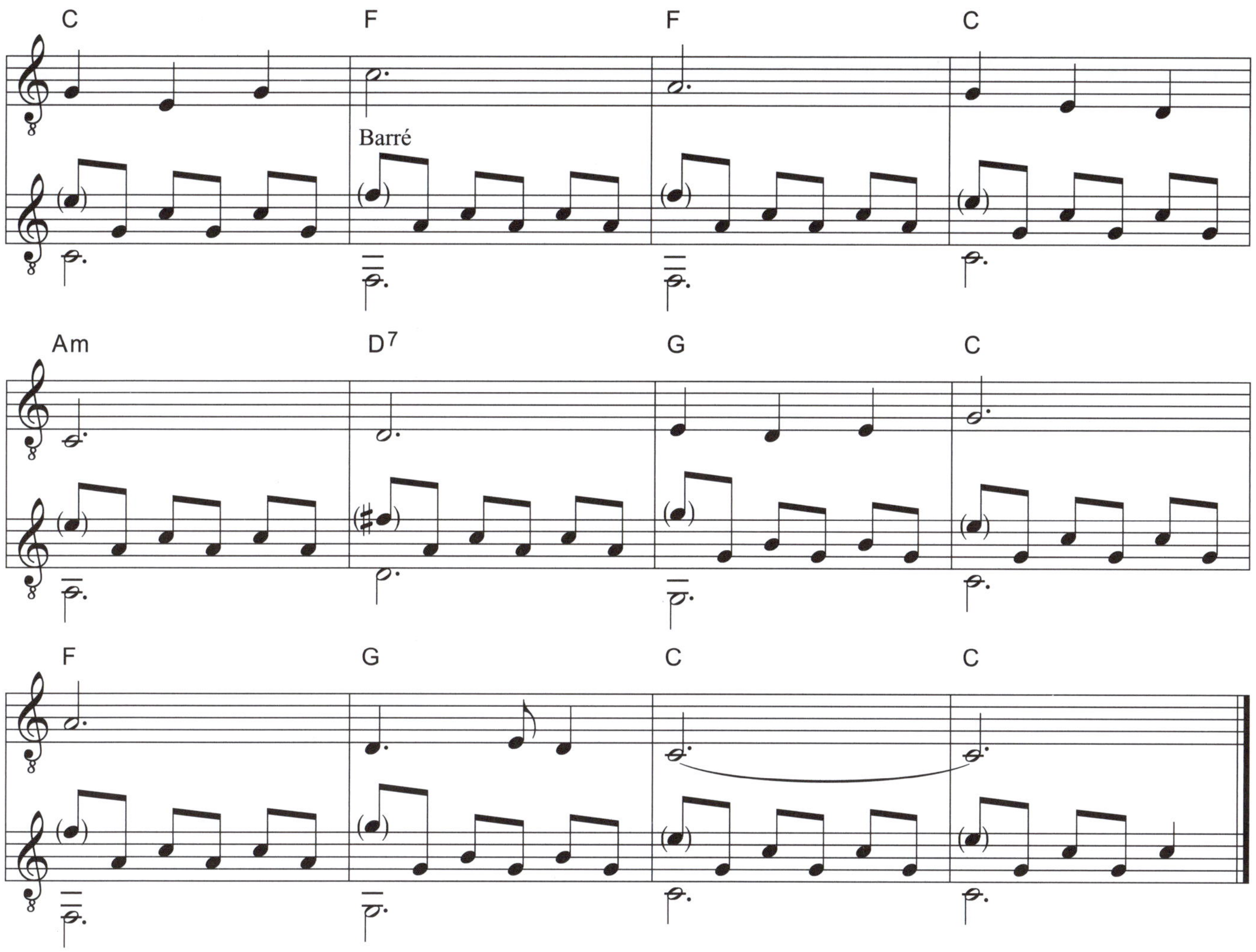

C
F
F
C
Barré
Am
D7
G
C
F
G
C
C

Weitere Zupfbegleitung für „Morning Has Broken“. Hier das Schema für die ersten vier Takte.

C
Dm
G
F
usw.

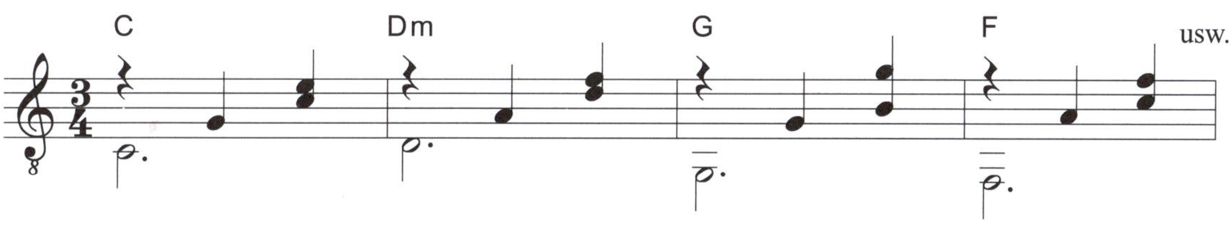

6/8-Takt

Die Zählzeiten des 6/8-Taktes bestehen aus Achteln. Zähle pro Takt von 1 bis 6. Im 6/8-Takt werden die Achtelnoten entsprechend den Taktbetonungen zu Dreiergruppen zusammengefasst.

Eine punktierte Viertel entspricht drei Achtelnoten.

Zähle: 1 2 3 4 5 6

Zähle: 1 2 3 4 5 6

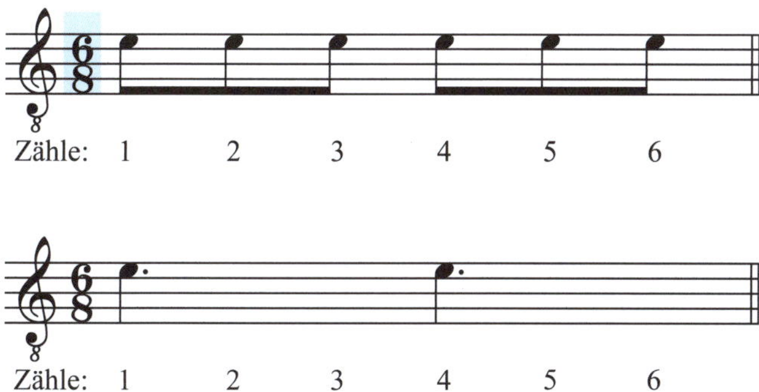

Sechzehntel-Noten

Sechzehntel werden doppelt so schnell wie Achtel gespielt.

D.S. al 𝄌 – 𝄌

Der Hinweis D.S. al 𝄌 – 𝄌 bedeutet, dass du ohne Pause zum Zeichen § zurückspringen sollst. Anschließend spielst du weiter bis zum „Kopf“ (𝄌) und springst zum zweiten Kopf (𝄌), der bei „Spanische Impressionen“ über dem letzten Takt steht.

D.S. = dal segno = vom Zeichen

Es gibt zwei verschiedene Segno-Symbole, die jedoch die gleiche Bedeutung besitzen. § = 𝄋

Spanische Akkordfolge mit großem Barré

Mit den Akkorden E-Dur, F-Dur und G-Dur kannst du eine typische spanische Akkordfolge spielen. Dazu greifst du den G-Dur und F-Dur als großen Barré-Griff. F-Dur hast du bereits kennen gelernt. Schiebst du den F-Dur-Akkord um zwei Bünde nach oben in den 3. Bund, erhältst du ebenfalls einen G-Dur-Akkord.

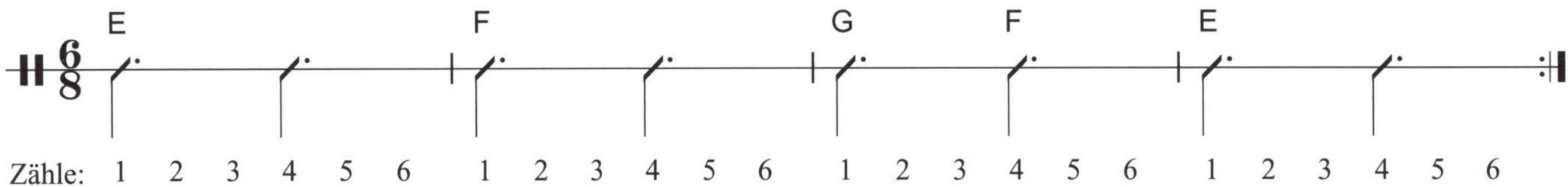

TIPP

Spiel E-Dur hier mit den Fingern 2, 3, und 4, dann brauchst du für F-Dur nur noch den Zeigefinger draufzulegen. Lass die Finger 2, 3 und 4 auf den Saiten liegen und verschiebe sie nur für die Akkordwechsel.

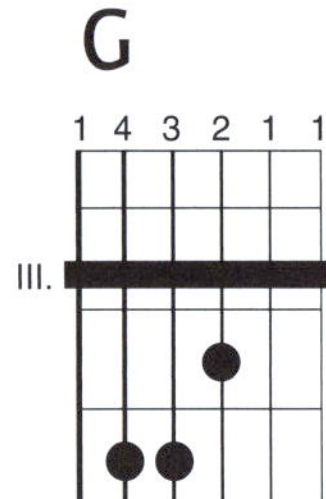

Rhythmus-Pattern

Zähle: 1 2 + 3 4 5 6

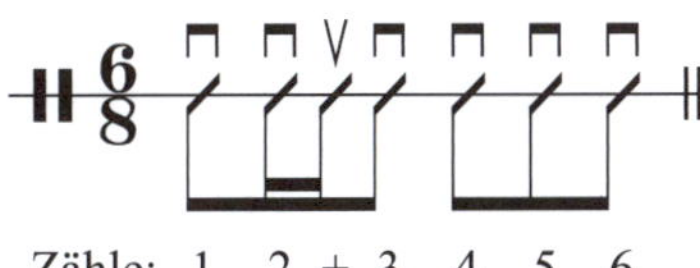

Akkorde in diesem Lied

E
F
G
Am

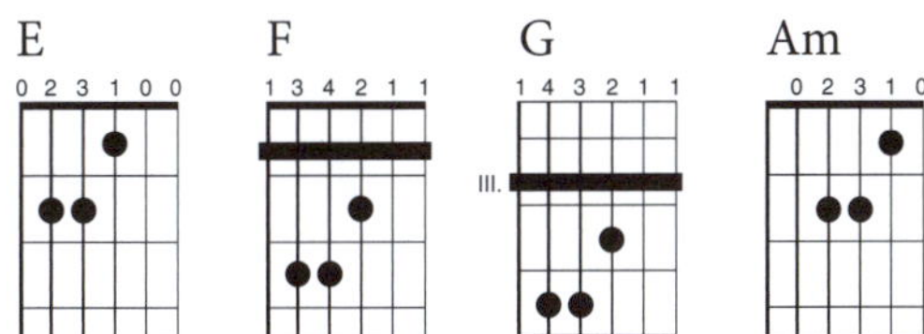

Track 83 Spanische Impressionen

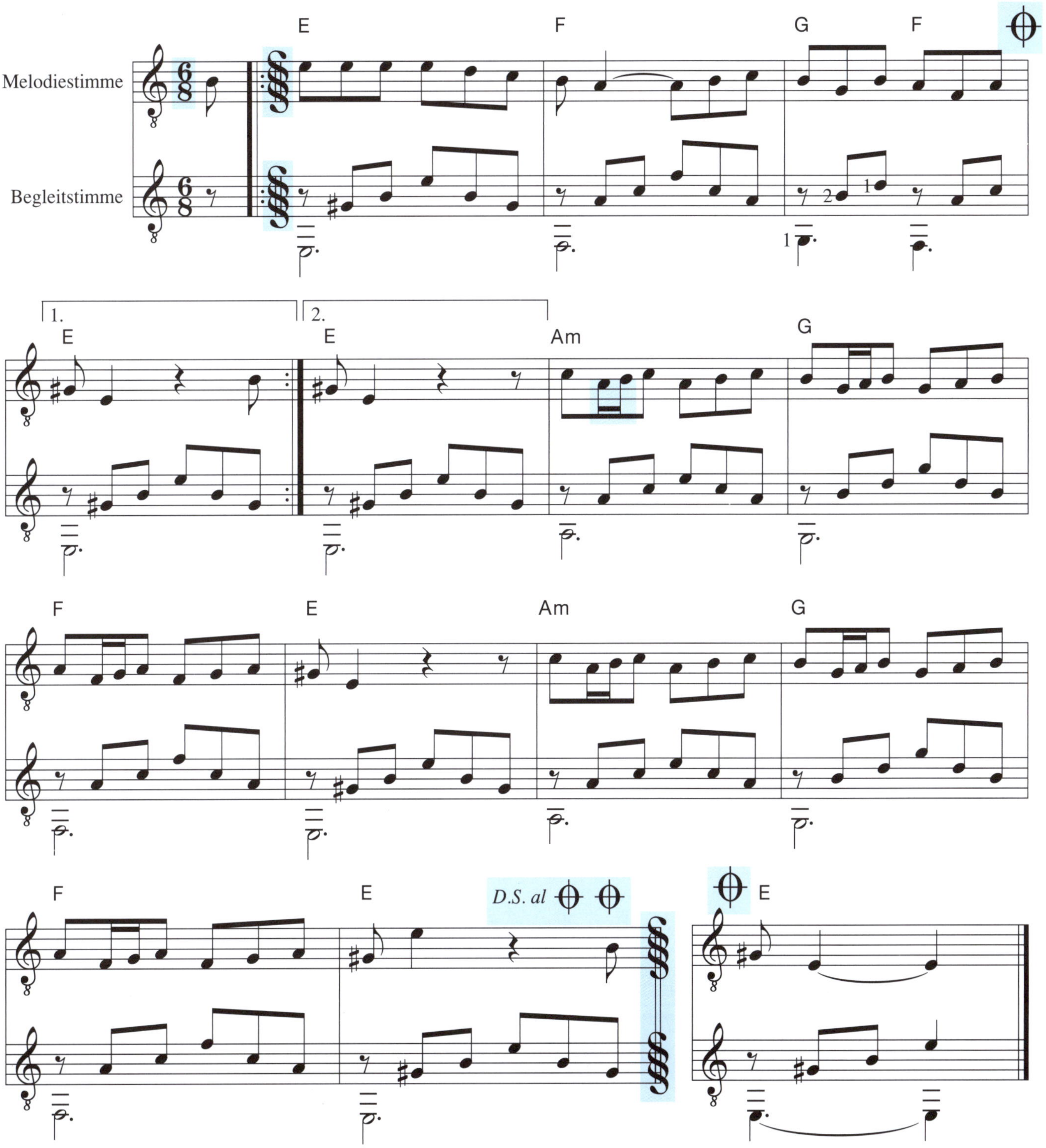

Melodiestimme
Begleitstimme
E F G F
1. E
2. E
Am G
F E Am G
F E
D.S. al
E

VORÜBUNGEN ZU HE'S A PIRATE

VORÜBUNG 2

Die bekannte Titelmelodie aus der Filmreihe „Fluch der Karibik" kannst du nach diesen zwei rhythmischen Vorübungen direkt in Angriff nehmen ... Leinen los!

Rhythmus-Pattern

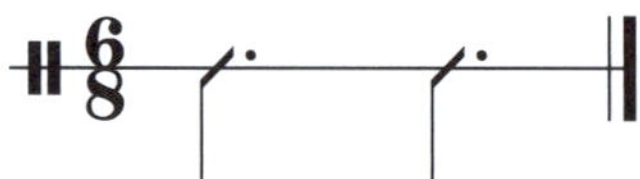

Akkorde in diesem Lied

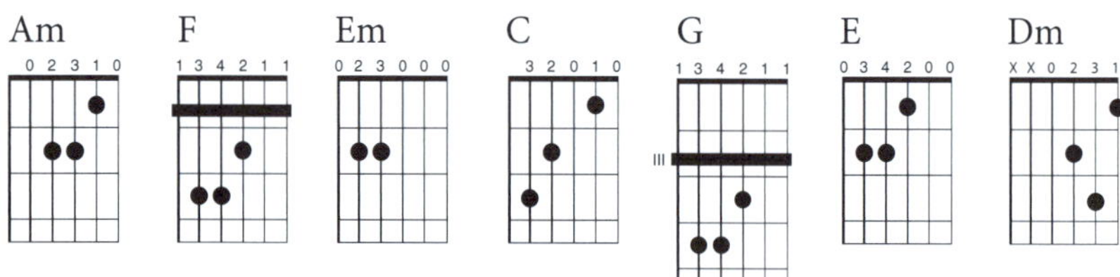

Track 84 He's A Pirate

aus „Pirates of the Caribbean"

M + T: Klaus Badelt, Hans Zimmer and Geoffrey Zanelli, A: Rolf Tönnes

13
Am
F
Dm
Am
17
F
Am
E
1.
21
E
2.
Am
G
Em
Dm
E
27
Am
G
Am
32
Dm
Am
1.
Am
2.
D.S. al
E
Am

Track 85 Gavotte

Johann Sebastian Bach

TIPP
Probier die Gavotte mit angelegtem und nicht angelegtem Anschlag. Der nicht angelegte Anschlag kommt dem Klang der Laute näher, für die Bach auch komponiert hat.

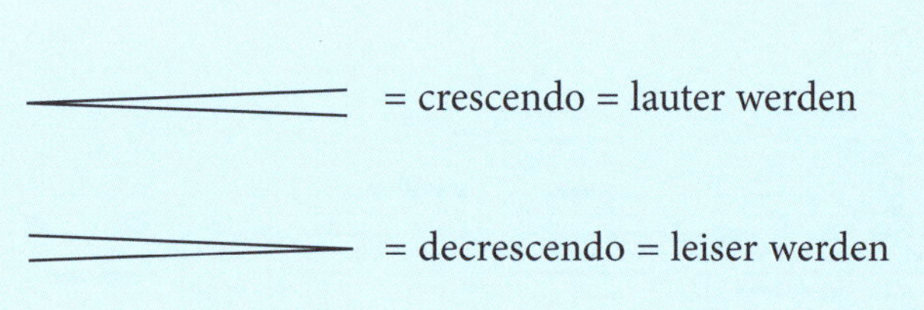

= crescendo = lauter werden

= decrescendo = leiser werden

Neuer Akkord: Bm

International heißt dieser Akkord Bm, – auf Deutsch heißt er Hm.

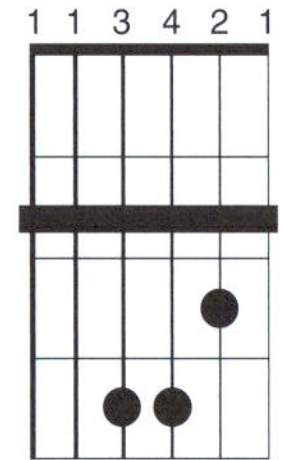

Bm

Rhythmus-Pattern

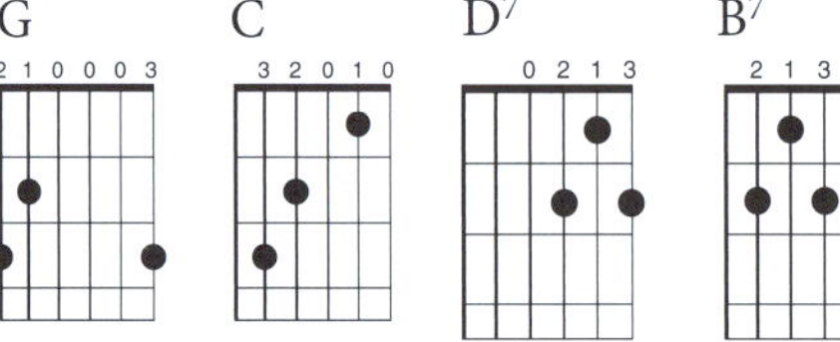

Akkorde in diesem Lied

D7 (0 2 1 3) B7 (2 1 3 0 4)

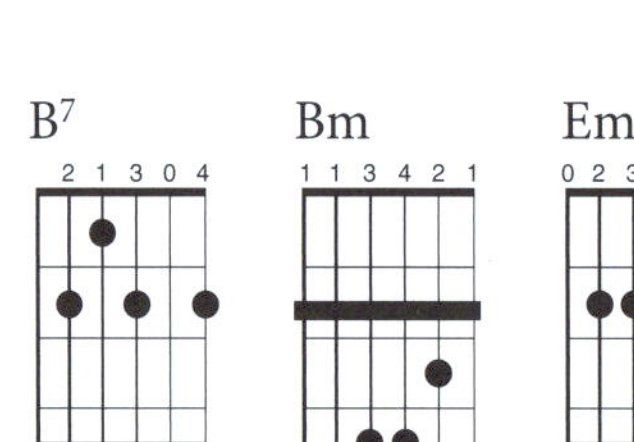

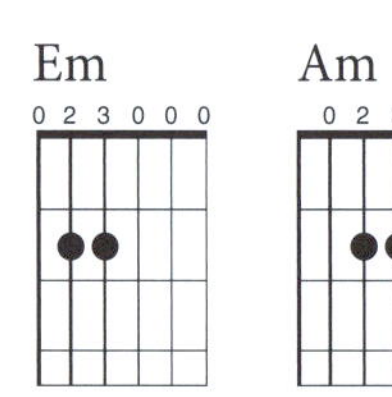

Track 86
Nobody Knows
Spiritual
Melodie
Begleitstimme
G C G
No - bo - dy knows the trou - ble I've seen,
Zähle: 1 + 2 3 + 4
G C D7 G C
no - bo - dy knows but Je - sus. No - bo - dy knows the
G B7 G D7 C G
Achtelpause
trou - ble I've seen, glo - ry hal - le - lu - jah. Some -
G Bm (= Hm) Em Am D7
times I'm up, some - times I'm down. Oh, yes Lord. Some -
G Bm C G D7 G
times I'm al - most to the ground. Oh, yes Lord.

Rhythmus-Pattern

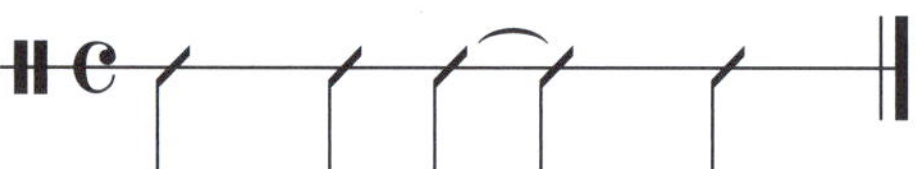

Akkorde in diesem Lied

C
3 2 0 1 0
Am
0 2 3 1 0
F
x x 3 2 1 1
G
2 1 0 0 0 3

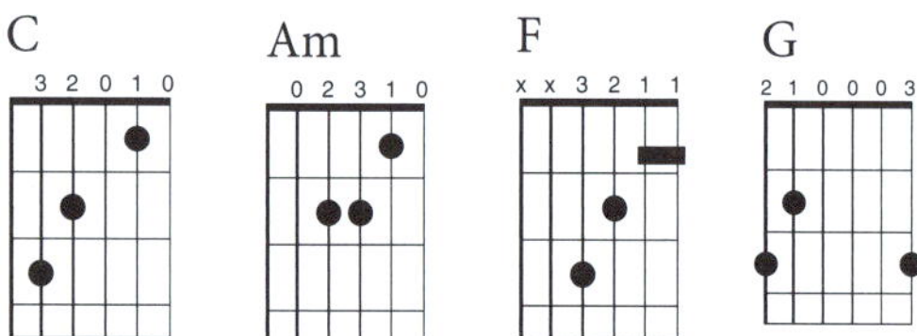

Track 87 Stand By Me

Musik und Text: Jerry Leiber, Mike Stoller & Ben E. King,
Arrangement: Rolf Tönnes

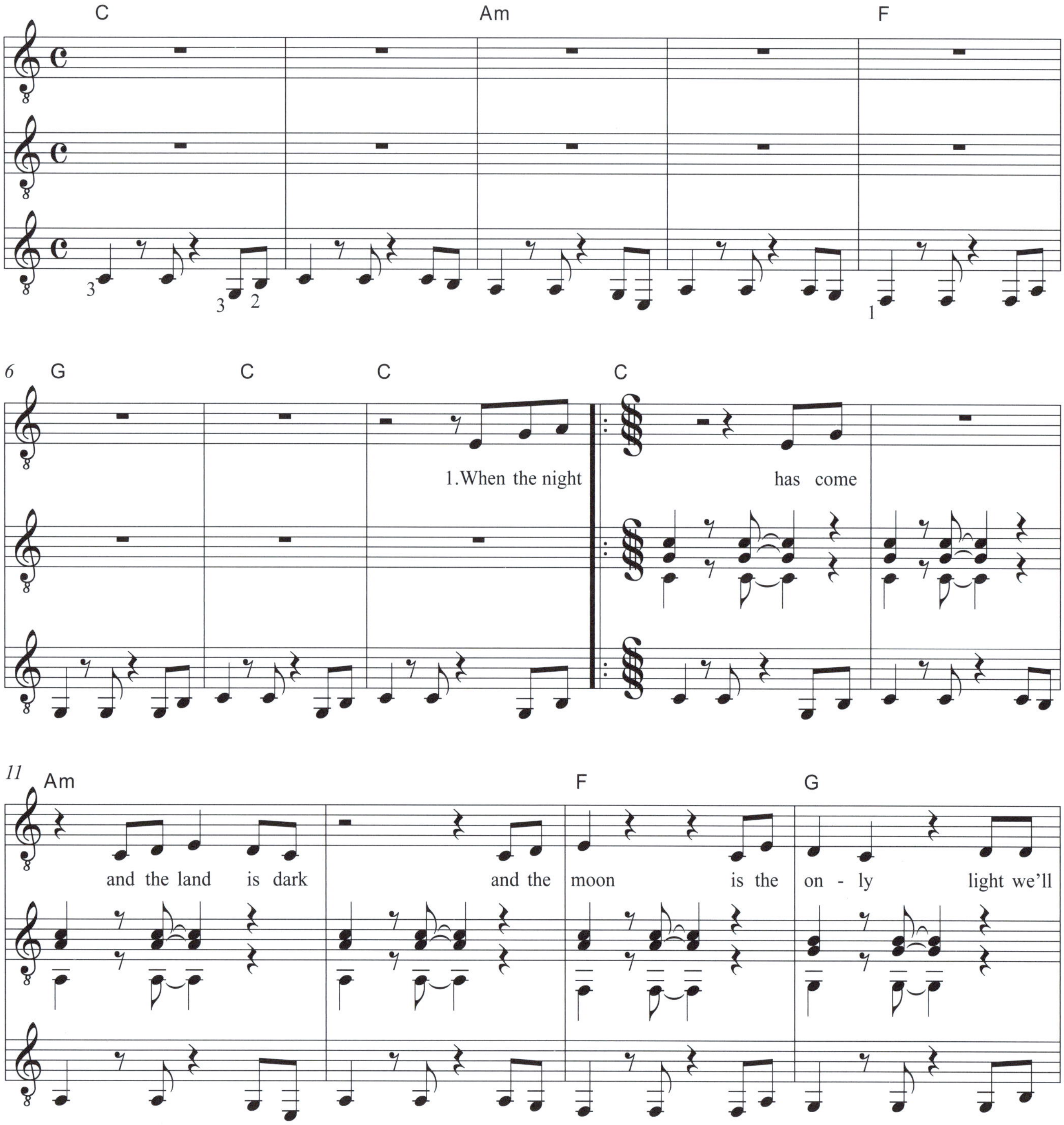

C
Am
F
6
G
C
C
C
1.When the night
has come
11
Am
F
G
and the land is dark
and the
moon is the
on - ly light we'll

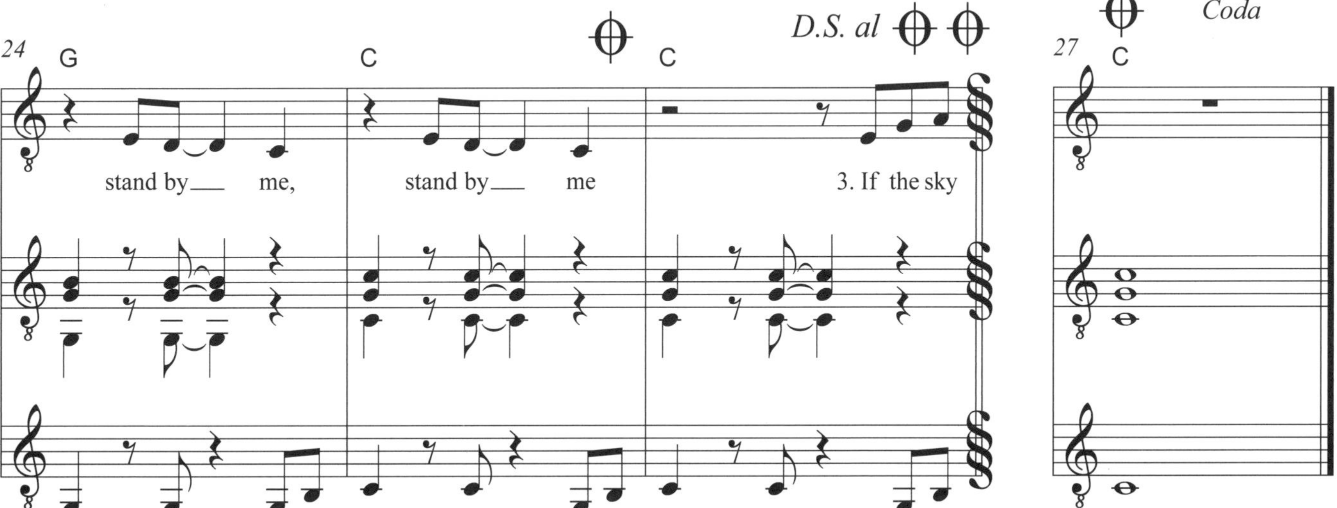

Nachdem man zu einem Segno gesprungen ist, werden alle anschließenden ersten Häuser übersprungen. Du lässt in diesem Fall nach dem Sprung zum Segno die Takte 15 und 16 aus und spielst mit Takt 17 weiter. Wenn alle Häuser nach einem Segno mitgespielt werden sollen, würde in den Noten „con. rep.“ stehen, was „mit Wiederholung„ bedeutet.

Rhythmus-Pattern

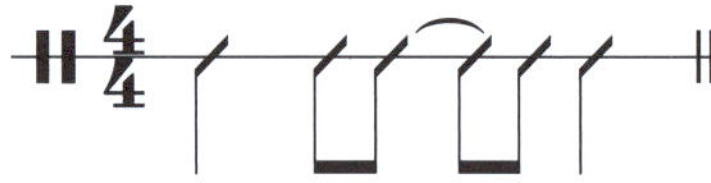

Akkorde in diesem Lied

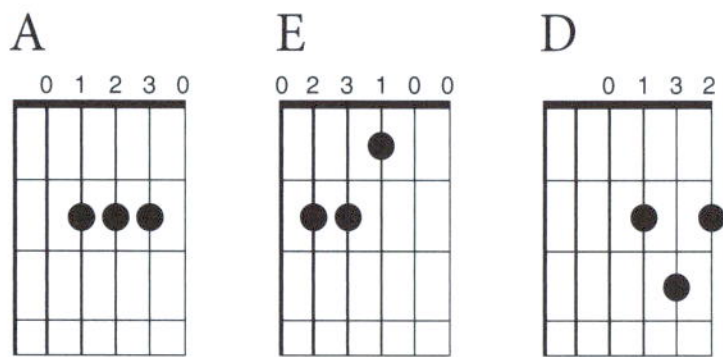

Track 88 Sloop John B

Traditional

2.

A
So hoist up the John B sail,

see how the main sail sets.

E
Call for the captian ashore, let me go home.

A D
Let me go home, I wanna go home.

A
Well, I feel so broke up,

E A
I wanna go home.

3.

A
The first mate he got drunk,

broke in the captain's trunk.

E
The constable had to come and take him away.

A D
Sheriff John Stone, why don't you leave me alone.

A
Well, I feel so broke up,

E A
I wanna go home

Rhythmus-Pattern

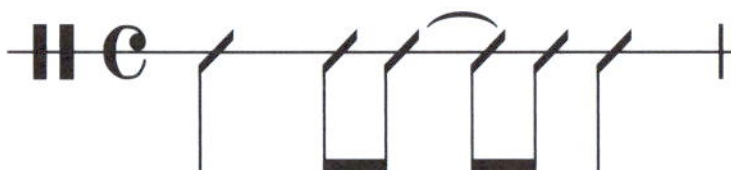

Akkorde in diesem Lied

Bm
1 1 3 4 2 1
D
0 1 3 2
G
2 1 0 0 0 3
A
0 1 2 3 0

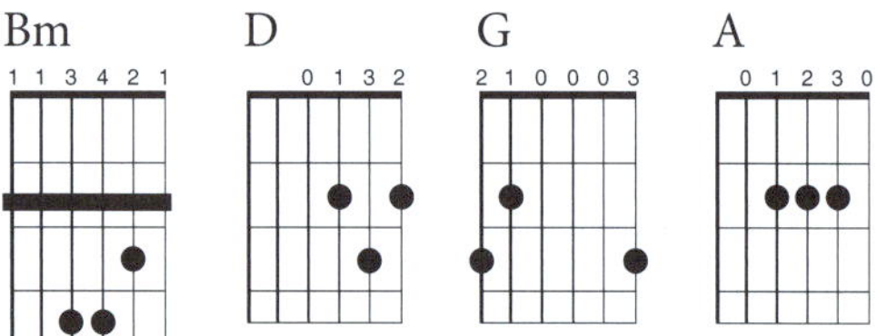

Track 89 Whiskey In The Jar

Traditional

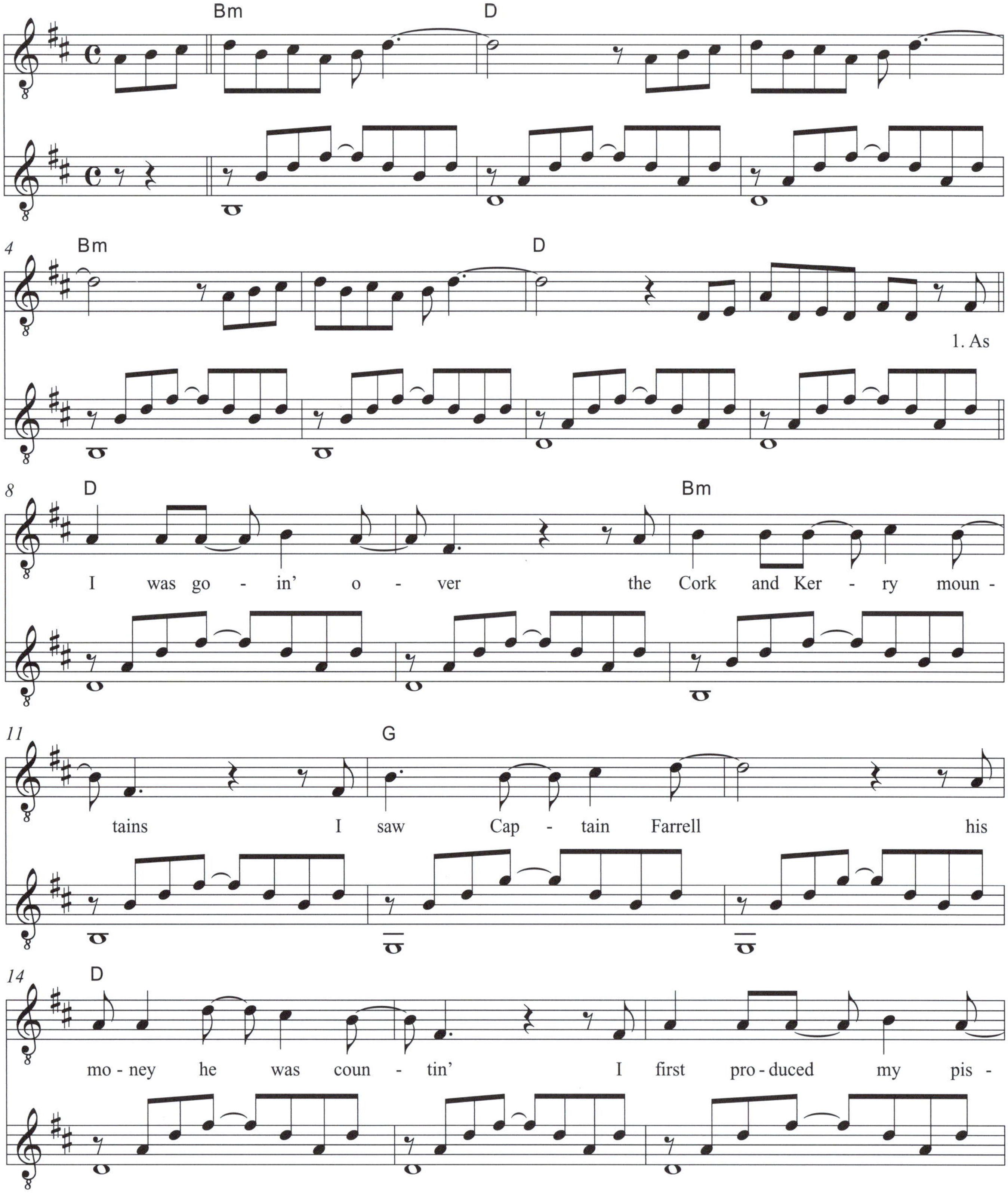

Bm
D
4
Bm
D
1. As
8
D
Bm
I was go - in' o - ver the Cork and Ker - ry moun -
11
G
tains I saw Cap - tain Farrell his
14
D
mo - ney he was coun - tin' I first pro - duced my pis -

17
Bm
tol and then pro - duced my ra - pier I said
20
G
D
stand and de - li - ver or the de - vil he may take
23
A
ya. Mu - sha ring dum a doo dum a da.
26
G
Whack for my dad - dy - o. Whack for my dad -
29
D
dy - o. There's whis - key in the jar - o.

2. D   Bm
I took all of his money and it was a pretty penny,
 G   D
I took all of his money I brought it home to Molly.
                                         Bm
She swore that she'd love me, never would she leave me,
             G   D
But the devil take that women for you know she treat me easy.

             A
Musha ring dum a doo dum a da.
G
            Whack for my daddy-o,
Whack for my daddy-o.
D
            There's whiskey in the jar-o.

3. D   Bm
Being drunk and weary I went to Molly's chamber
 G   D
taking my money with me and I never knew the danger.
                                           Bm
For about six or maybe seven in walked Captain Farrell
               G   D
I jumped up, fired off my pistols and I shot him with both barrels

             A
Musha ring …

3. D   Bm
Now some men like the fishing and some men like the fowling
 G   D
And some men like to hear, to hear the cannon ball roaring.
                                               Bm
Me I like sleeping specially in my Molly's chamber
              G   D
But here I am in prison, here I am with a ball and chain yeah.

             A
Musha ring …

Alla breve 

Bei schnelleren Tempi wird der 4/4-Takt auch alla breve notiert. Das Notenbild ändert sich nicht, aber jeder Takt enthält nur noch zwei Zählzeiten. Die erste Zählzeit liegt selbstverständlich auf der 1, die zweite Zählzeit liegt an der Stelle, an der sich im 4/4-Takt die 3 befindet. So wird aus dem 4/4-Takt ein 2/2-Takt, auch wenn er nie so genannt wird. (siehe S. 70).
Das Zeichen für einen alla-breve-Takt ist ein C mit einem senkrechten Strich.

Rhythmus-Pattern

Zähle: 1 2 + 3 4 +

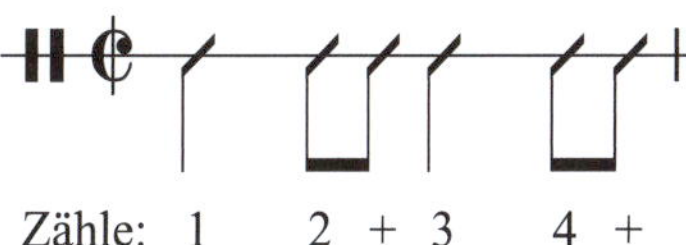

Akkorde in diesem Lied

G
2 1 0 0 0 3
D
0 1 3 2
C
3 2 0 1 0
Em
0 2 3 0 0 0
F
1 3 4 2 1 1

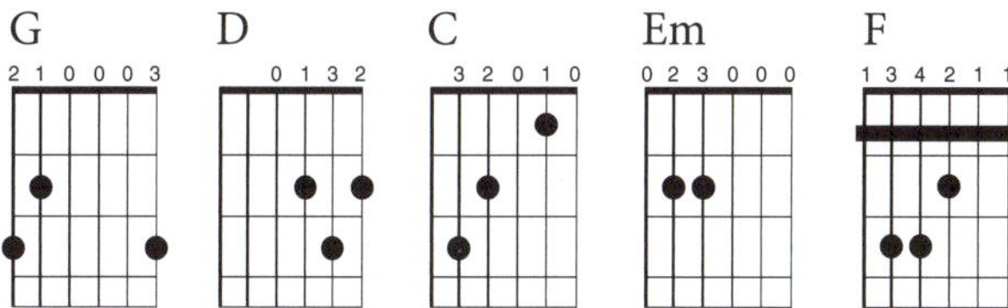

Track 90 Country Roads

Musik und Text: John Denver, Bill Danoff and Taffy Nivert,
Arrangement: Rolf Tönnes

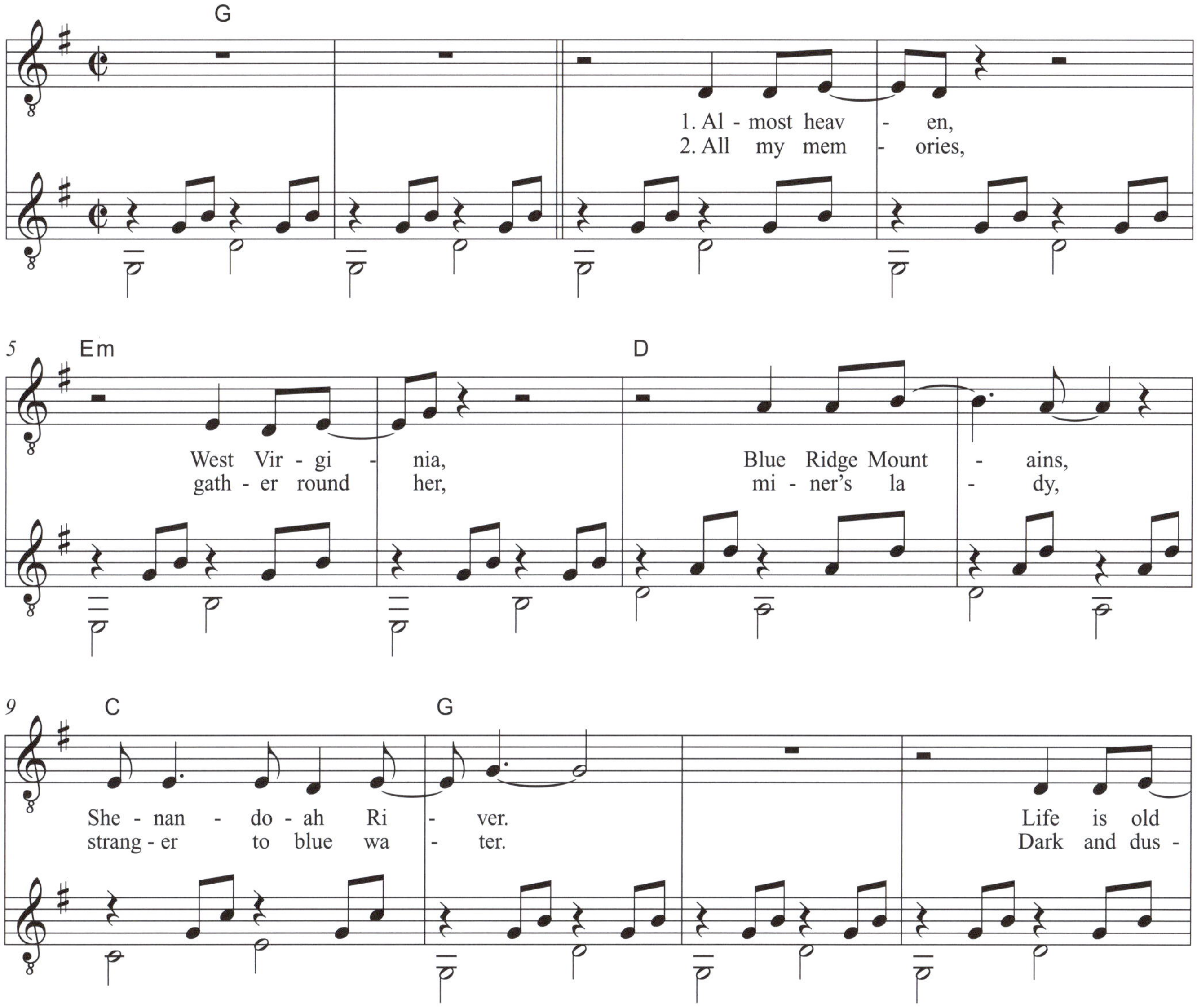

G
1. Al - most heav - en,
2. All my mem - ories,
5
Em
D
West Vir - gi - nia,
gath - er round her,
Blue Ridge Mount - ains,
mi - ner's la - dy,
9
C
G
She - nan - do - ah Ri - ver.
strang - er to blue wa - ter.
Life is old
Dark and dus -

Einfache Zupfbegleitung ohne Wechselbass

G

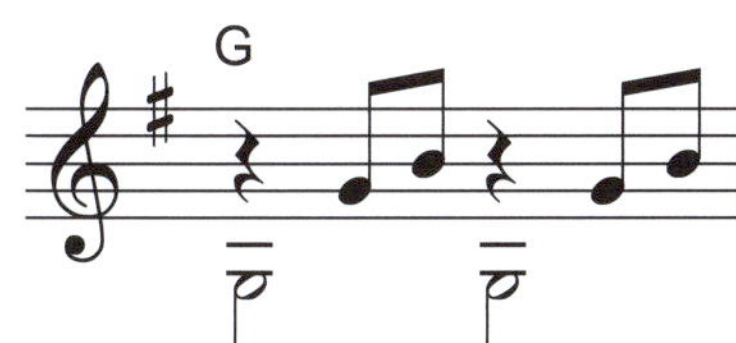

13
Em
D
there,
old - er than the
trees
young - er than the
ty,
paint - ed on the
sky,
mis - ty taste of
17
C
G
G
mount - ains,
grow - ing like a
breeze.
Count - ry
roads,
moon - shine,
tear - drop in my
eye.
21
D
Em
take me home,
to the place
25
C
G
I be - long,
West Vir - gi - nia,
29
D
C
mount - ain ma - ma,
take me home,

33
G
count - ry roads.
Fine
36
Em
D
G
I hear her voice in the morn - ing hours she calls me,
40
C
G
D
ra - di - o re - minds me of my home far a - way.
44
Em
F
C
G
Driv - ing down the road I get a feel - ing that I should have been home
48
D
D7
yes - ter-day, yes - ter-day. Count - ry
D.S. al Fine

In der folgenden bekannten Hymne von *Coldplay* lernst du zwei neue musikalische Fachbegriffe kennen:

Staccato (it.) = getrennt, abgesetzt

Ein Punkt *über* (oder unter) einer Note besagt, dass die Note oder der Akkord kürzer gespielt werden, als dies der eigentliche Notenwert vorschreibt. Das erreichst du, indem du die Finger der Anschlagshand nach dem Anschlag sofort wieder auf die Saiten legst und somit die Saiten abstoppst.

Simile (it.) = ähnlich

Steht *simile* in den Noten, sollst du eine vorgegebene Spielanweisung weiter ausführen. In diesem Fall wird weiter staccato gespielt.

Rhythmus-Pattern

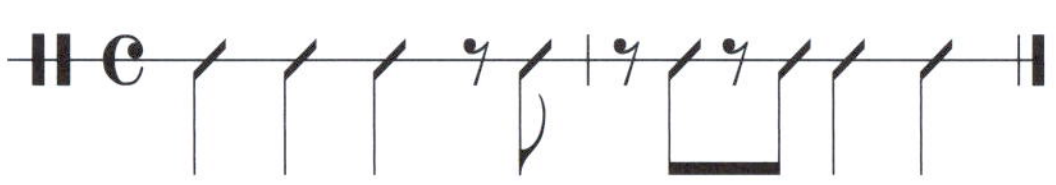

Akkorde in diesem Lied

C
3 2 0 1 0
D
0 1 3 2
G
2 1 0 0 0 3
Em
0 2 3 0 0 0
Bm
1 1 3 4 2 1

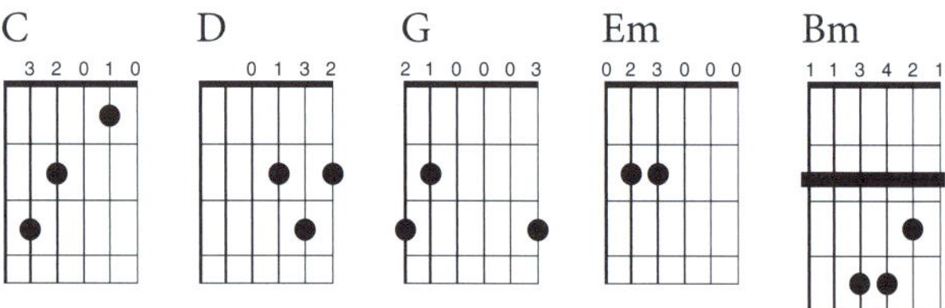

Track 91

Viva La Vida

Musik und Text: Guy Berryman, Jonathan Buckland,
William Champion & Christopher Martin.
Arrangement: Rolf Tönnes

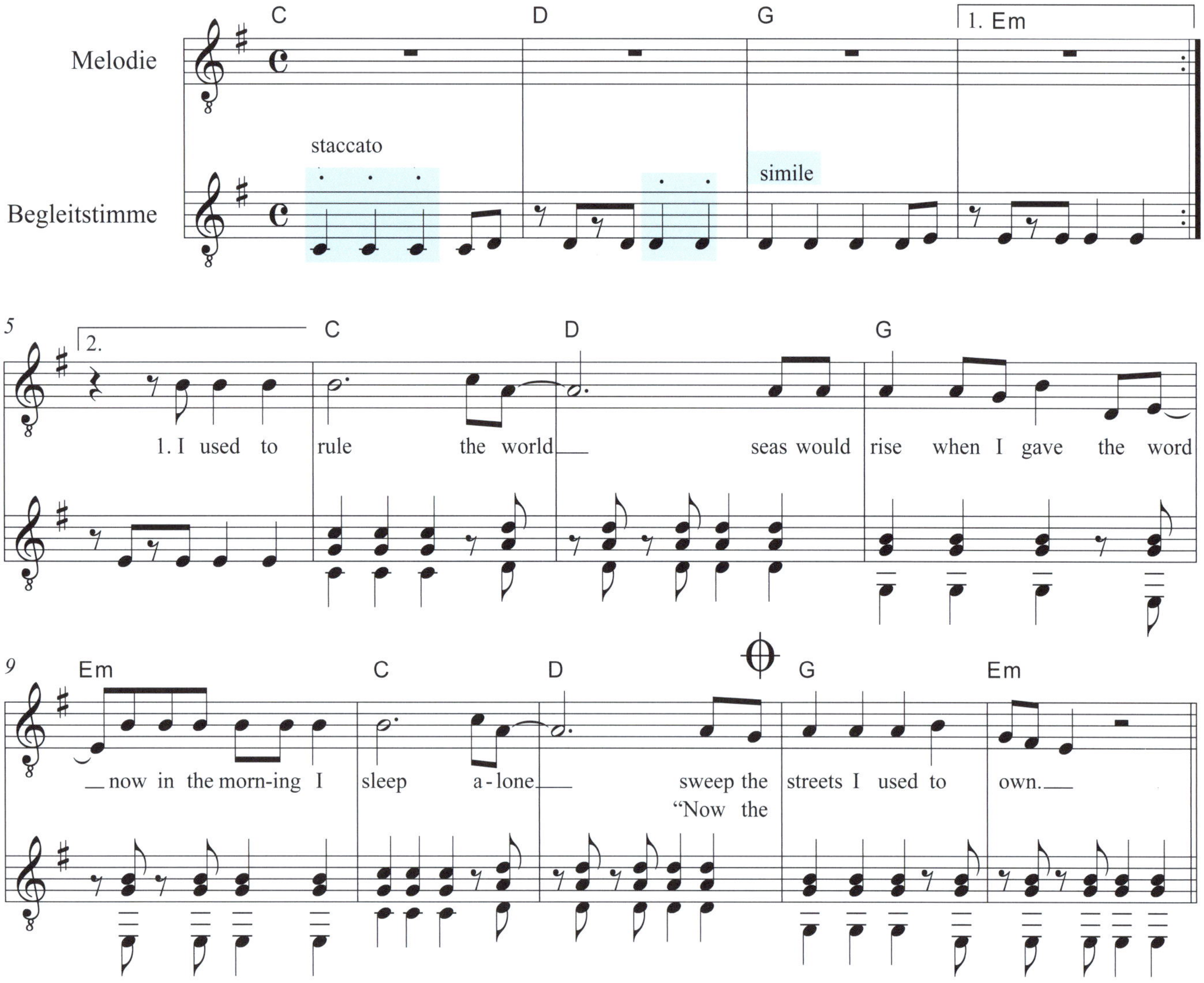

Melodie
Begleitstimme
C
D
G
1. Em
staccato
simile
5
2.
C
D
G
1. I used to rule the world seas would rise when I gave the word
9
Em
C
D
G
Em
now in the morn-ing I sleep a-lone sweep the streets I used to own.
"Now the

D.C. al 𝄌 *-* 𝄌 *con rep.* *

* con rep.: mit Wiederholung

14
G
Em
C
D
old king is dead, long live the king" One mi-nute I held the key next the
18
G
Em
C
walls were closed on me and I dis-co-vered that my cast - - - les stand
21
D
G
Em
u-pon pil-lars of salt and pil-lars of sand I
24
C
D
G
Em
hear Je-ru-sa-lem bells a-ring-ing Ro-man ca-va-lry choirs are sing-ing
28
C
D
G
be my mir-ror, my sword and shield my mis-sio-na-ries in a fo-

31 Em | C | D | Bm7

-reign field for some rea-son I can't ex-plain once you'd gone there was

35 Em | C | D | G

nev-er nev-er an ho-nest word and that was when I ruled the world.

39 Em | C | D | G | Em

never an ho-nest word but that was when I ruled the world.

Rhythmus-Pattern

Akkorde in diesem Lied

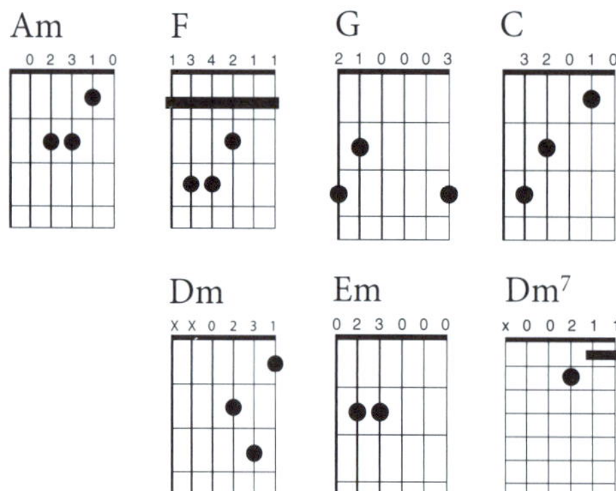

Track 92

I See Fire

Musik und Text: Ed Sheeran,
Arrangement: Rolf Tönnes

20 Dm Em F Am F G Am
1.
flames burn on and on the moun-tain side hey. 2. And if we should
24 2. Dm Em F Am F
moun - tain side Des-o - la - tion comes u-pon the sky. Now I see fire,
28 G Am Am F G Am
in - side the moun - tain I see fire, bur-ning the trees and I see
31 Am F G Am Am F
fire, hol - lo - wing souls and I see fire,
34 G Dm F Dm
blood in the breeze and I hope that you'll re - mem - ber me. And if the

* Ritardando: (ital., zögernd) langsamer werdend

Alternative Begleitstimme zu „I See Fire"

Im Original wird die Begleitstimme mit geschlossenem Anschlag gespielt.

1.

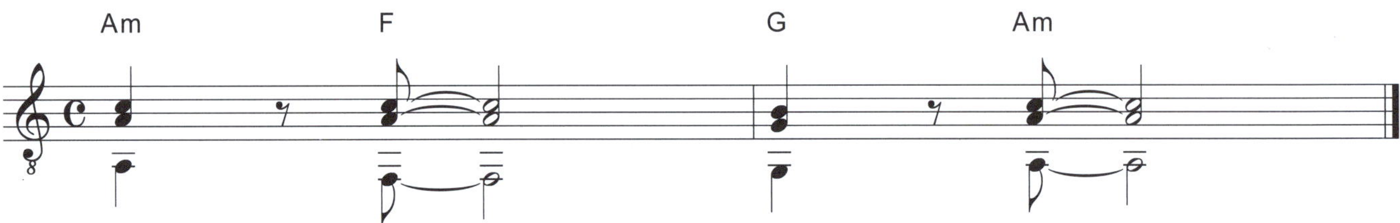

2.

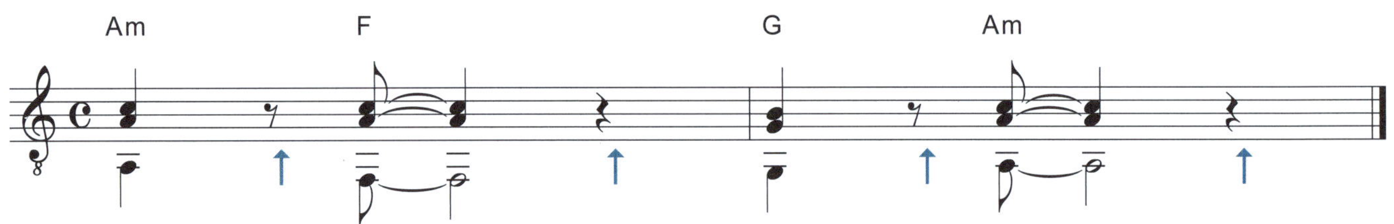

↑ Nach dem Anschlag bildet die Hand eine lockere Faust und schlägt auf die Saiten, sodass ein perkussives Geräusch entsteht.

Rhythmus-Pattern

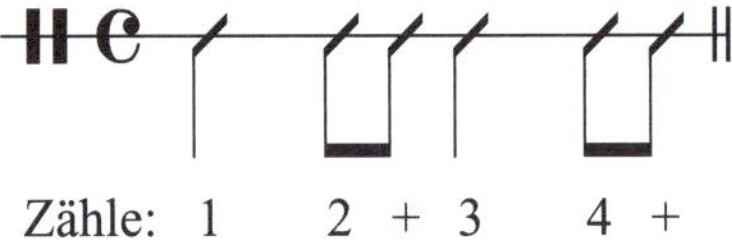

Akkorde in diesem Lied

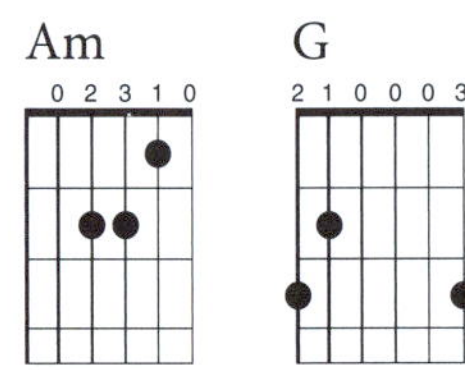

Track 93 Lady In Black

Musik und Text: Kenneth William David Hensley,
Arrangement: Rolf Tönnes

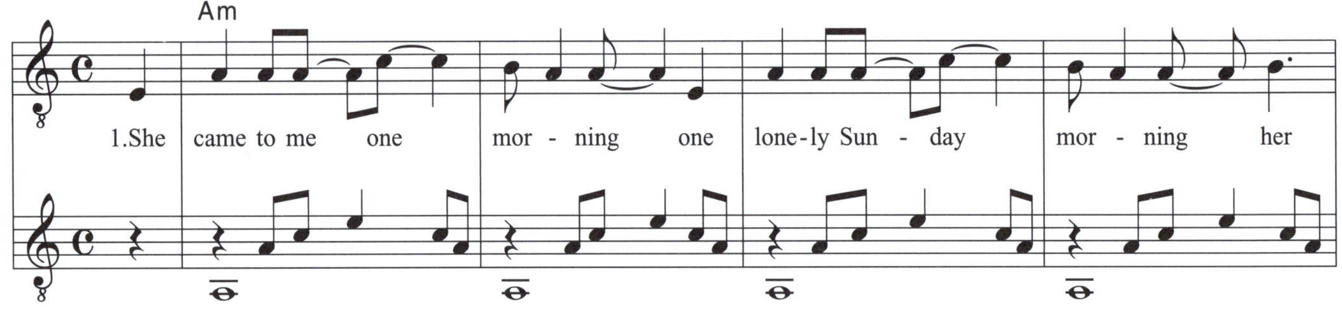

5
G
Am
long hair flow-ing in the mid - win - ter wind. I
9
Am
know not how she found me, for in dark-ness I was wal - king and de -
13
G
Am
struc - tion lay a - round me from a fight I could not win.
17
Am
G
Am
Ah, ah, ah, ah, ah, ah, ah, ah, ah,
21
G
Am
ah, ah, ah, ah, ah, ah, ah.

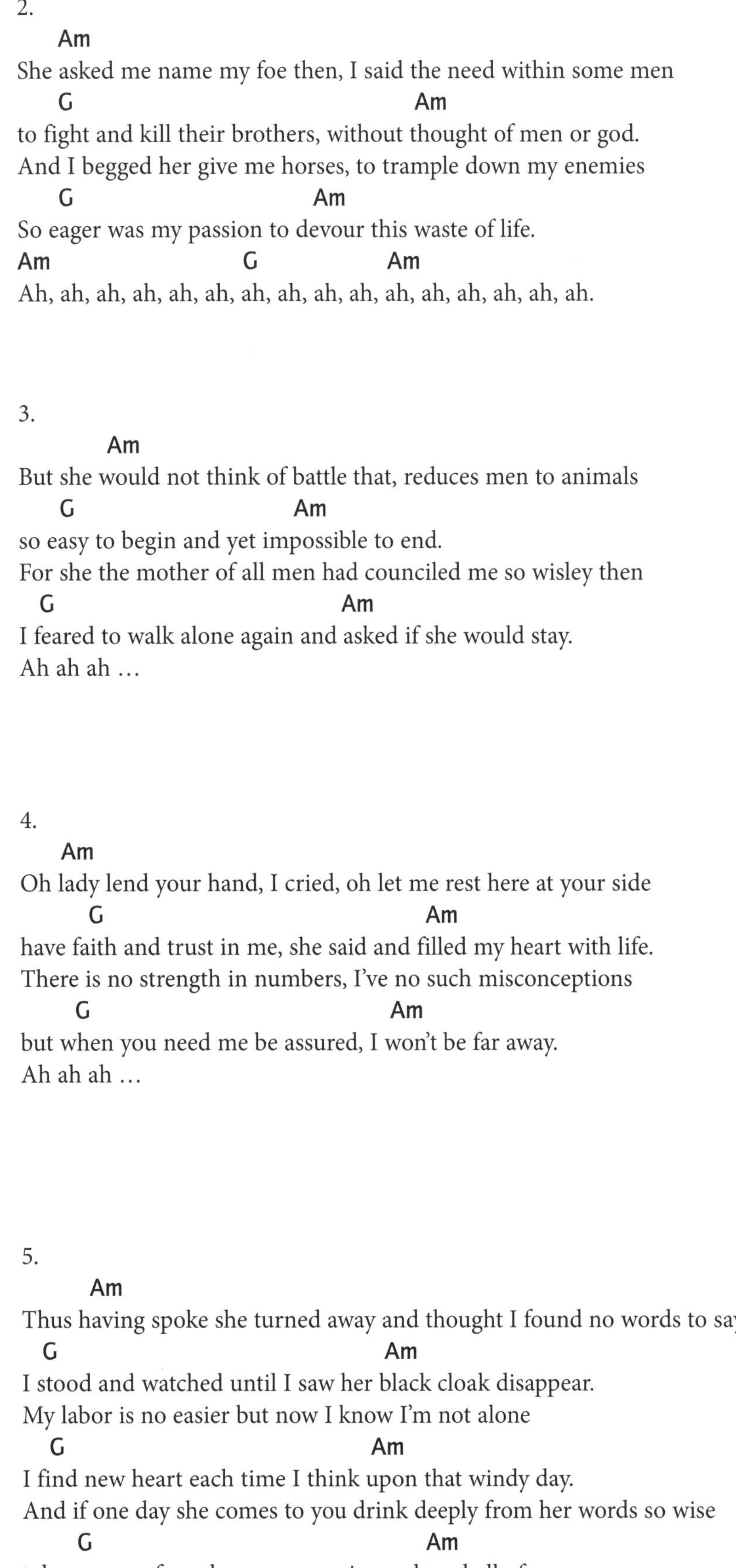

2.
     Am
She asked me name my foe then, I said the need within some men
     G   Am
to fight and kill their brothers, without thought of men or god.
And I begged her give me horses, to trample down my enemies
     G   Am
So eager was my passion to devour this waste of life.
Am   G   Am
Ah, ah, ah, ah, ah, ah, ah, ah, ah, ah, ah, ah, ah, ah, ah, ah.

3.
          Am
But she would not think of battle that, reduces men to animals
     G   Am
so easy to begin and yet impossible to end.
For she the mother of all men had counciled me so wisley then
   G   Am
I feared to walk alone again and asked if she would stay.
Ah ah ah …

4.
     Am
Oh lady lend your hand, I cried, oh let me rest here at your side
         G   Am
have faith and trust in me, she said and filled my heart with life.
There is no strength in numbers, I've no such misconceptions
       G   Am
but when you need me be assured, I won't be far away.
Ah ah ah …

5.
         Am
Thus having spoke she turned away and thought I found no words to say
   G   Am
I stood and watched until I saw her black cloak disappear.
My labor is no easier but now I know I'm not alone
    G   Am
I find new heart each time I think upon that windy day.
And if one day she comes to you drink deeply from her words so wise
       G   Am
take courage from her as your prize and say hello for me.
Ah ah ah …

Track 94

Andante

Matteo Carcassi

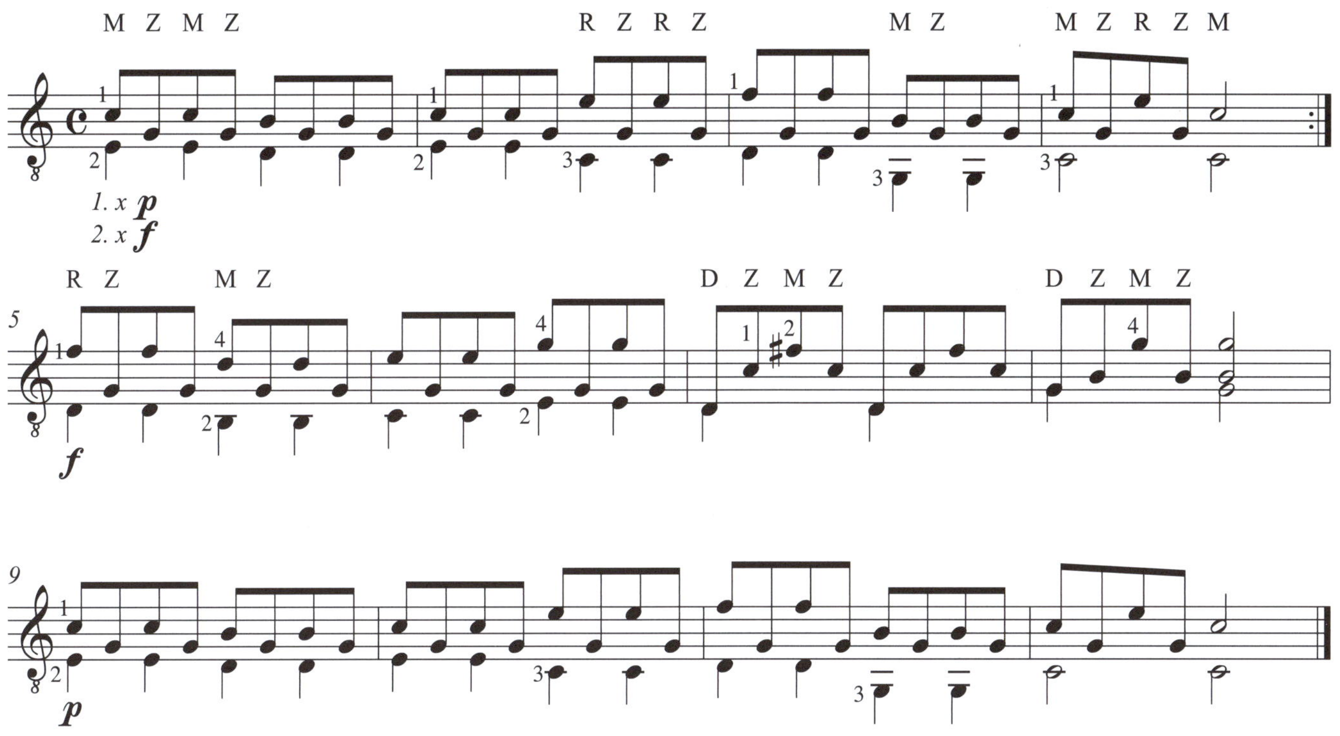

Track 95

Andantino

Matteo Carcassi

SPIELSTÜCKE FÜR BESONDERE ANLÄSSE

Rhythmus-Pattern

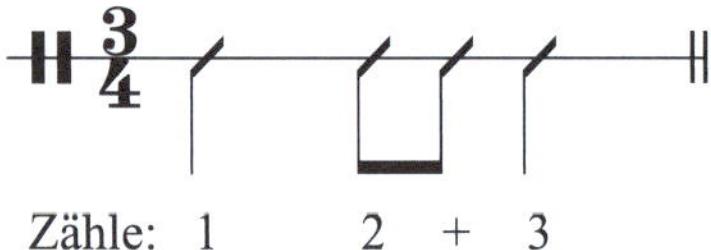

Akkorde in diesem Lied

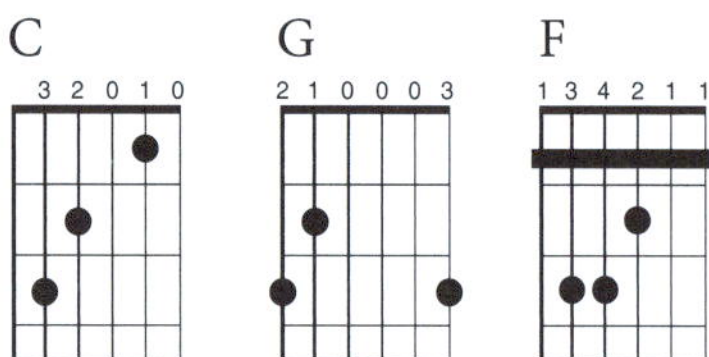

Happy Birthday

Musik: Mildred J. Hill (1859-1916)
Text: Patty Smith Hill (1886-1946)

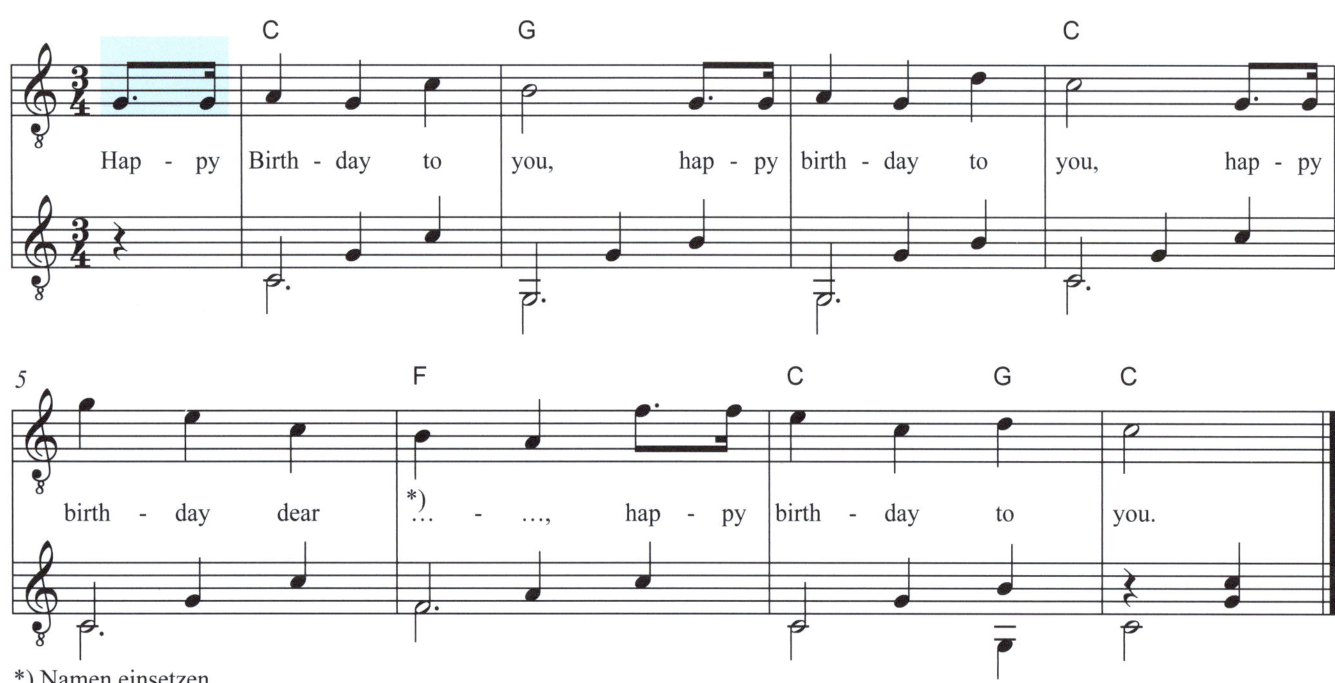

*) Namen einsetzen

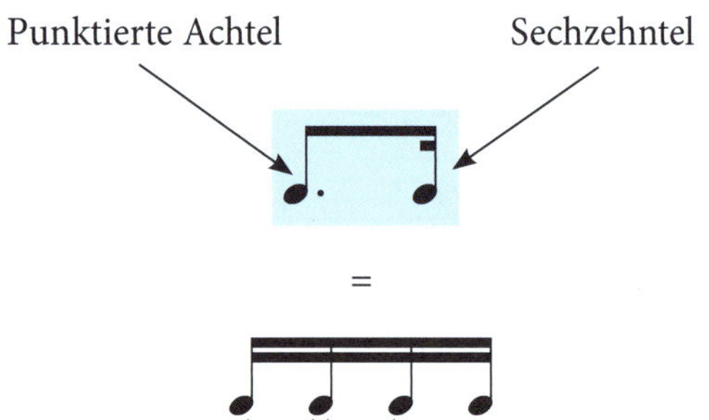

Eine punktierte Achtelnote entspricht der Länge von drei Sechzehntel-Noten.

Rhythmus-Pattern

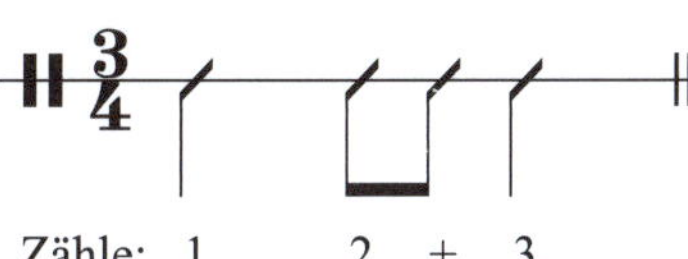

Akkorde in diesem Lied

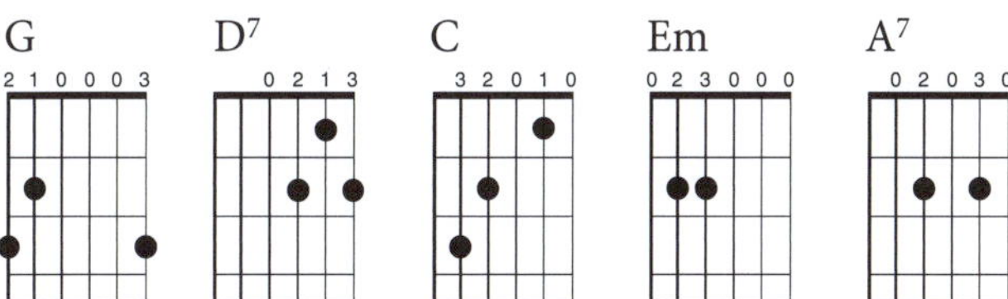

Leise rieselt der Schnee

Traditional

G D7 G C
Lei - se rie - selt der Schnee, still und

6 G D D7 Em
starr ruht der See, weih - nacht - lich glän - zet der Wald:

12 A7 C D7 G
Freu - e dich, 's Christ - kind kommt bald.

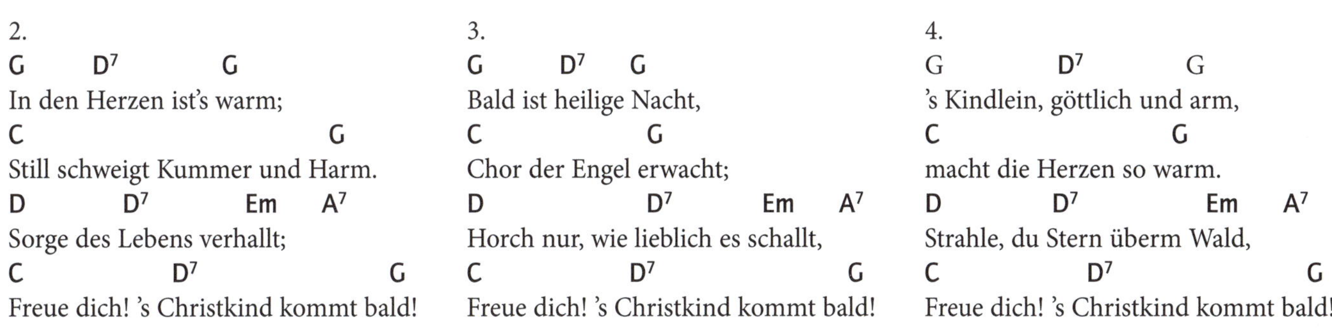

2.
G D7 G
In den Herzen ist's warm;
C G
Still schweigt Kummer und Harm.
D D7 Em A7
Sorge des Lebens verhallt;
C D7 G
Freue dich! 's Christkind kommt bald!

3.
G D7 G
Bald ist heilige Nacht,
C G
Chor der Engel erwacht;
D D7 Em A7
Horch nur, wie lieblich es schallt,
C D7 G
Freue dich! 's Christkind kommt bald!

4.
G D7 G
's Kindlein, göttlich und arm,
C G
macht die Herzen so warm.
D D7 Em A7
Strahle, du Stern überm Wald,
C D7 G
Freue dich! 's Christkind kommt bald!

Rhythmus-Pattern

Zähle: 1 2 + 3

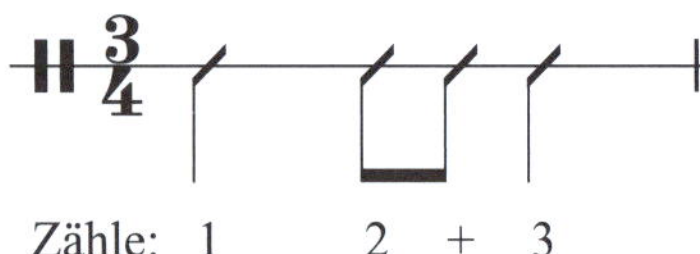

Akkorde in diesem Lied

C
3 2 0 1 0
G7
2 1 0 0 0 3
F
1 3 4 2 1 1

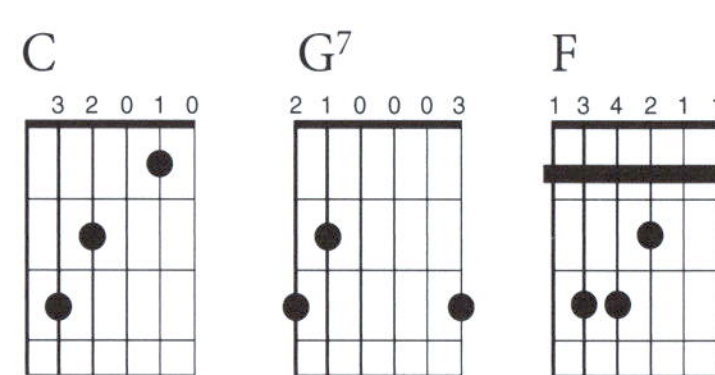

Stille Nacht

Traditional

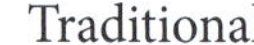

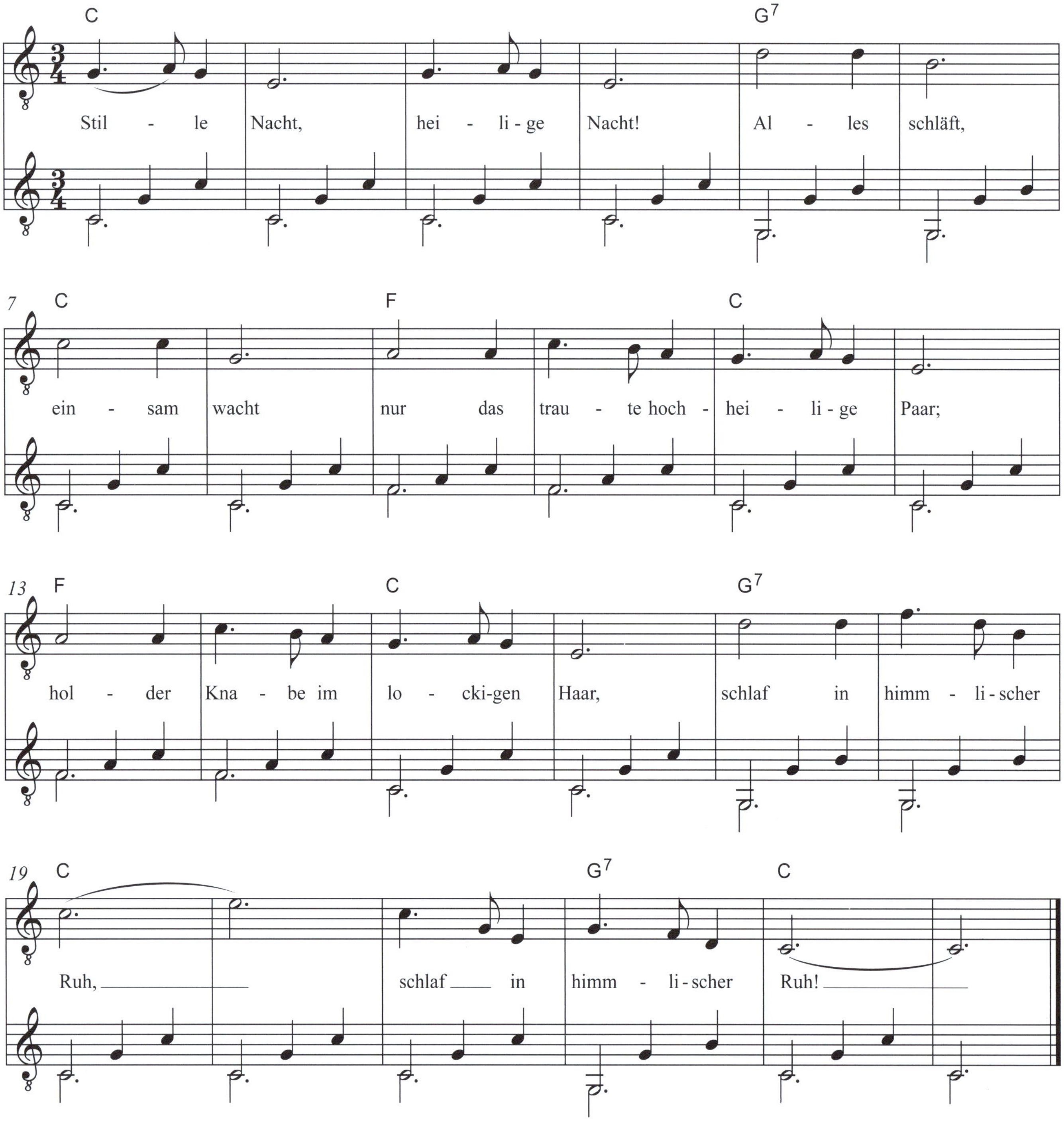

C
Stil - le Nacht, hei - li - ge Nacht!
G7
Al - les schläft,
7
C
ein - sam wacht
F
nur das trau - te hoch -
C
hei - li - ge Paar;
13
F
hol - der Kna - be im
C
lo - cki-gen Haar,
G7
schlaf in himm - li - scher
19
C
Ruh,
schlaf in
G7
himm - li - scher
C
Ruh!

EINE GANZ KLEINE MUSIKLEHRE

Tonleitern

Eine Tonleiter enthält die Töne, aus denen ein Stück bestehen kann. Die wichtigsten Tonleitern sind die Dur- und die Molltonleiter. Dur- und Molltonleitern unterscheiden sich in der Anordnung der Ganz- und Halbtonschritte. Auf der Gitarre bildet der Abstand von einem Bund zum nächsten einen Halbtonschritt. Zwei Bünde entsprechen einem Ganztonschritt. Auf einem Klavier liegen benachbarte Tasten Halbtöne auseinander.
Der erste Ton der Tonleiter legt den Namen der Tonleiter fest. Hier eine C-Dur-Tonleiter, bei der die Halbtonschritte zwischen der 3. und 4. sowie 7. und 8. Stufe liegen.

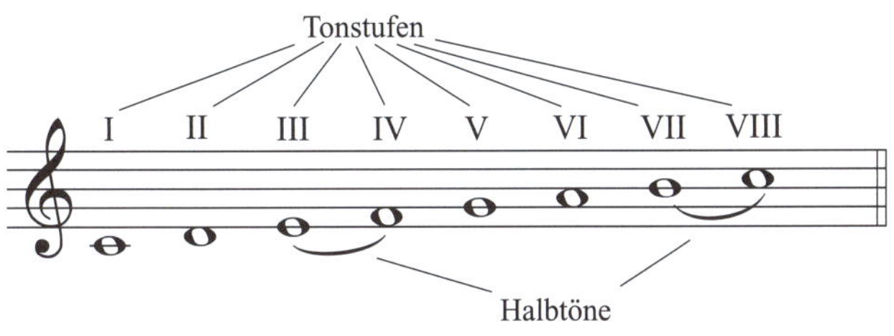

Bei der (natürlichen) Molltonleiter liegen die Halbtonschritte zwischen der 2. und 3. sowie 5. und 6. Stufe:

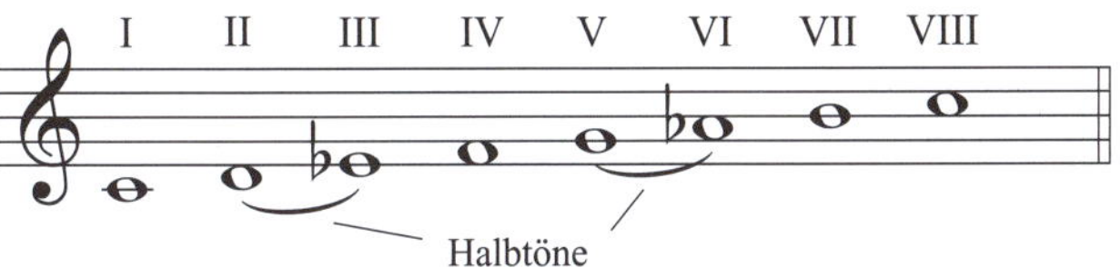

Intervalle

Als Intervall bezeichnet man den Abstand zwischen zwei Tönen. Dies ist eine Liste mit allen Intervallen der C-Dur-Tonleiter vom Grundton c aus:

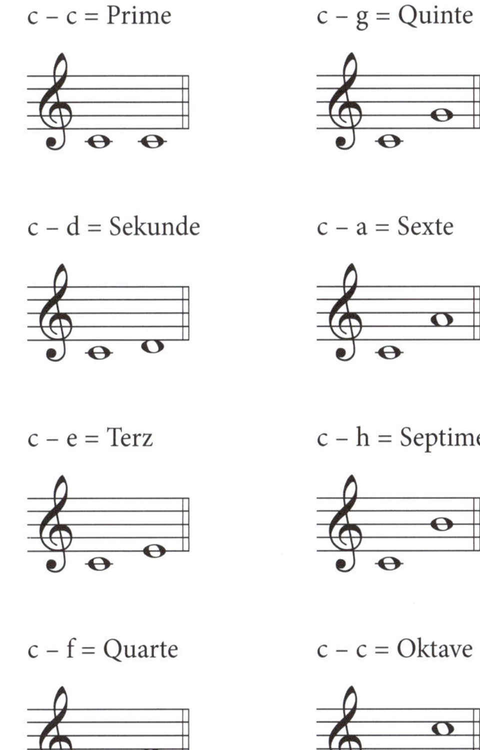

Akkorde

Ein Akkord ist ein Zusammenklang von mindestens drei verschiedenen Tönen. Akkorde werden von Tonleitern abgeleitet.

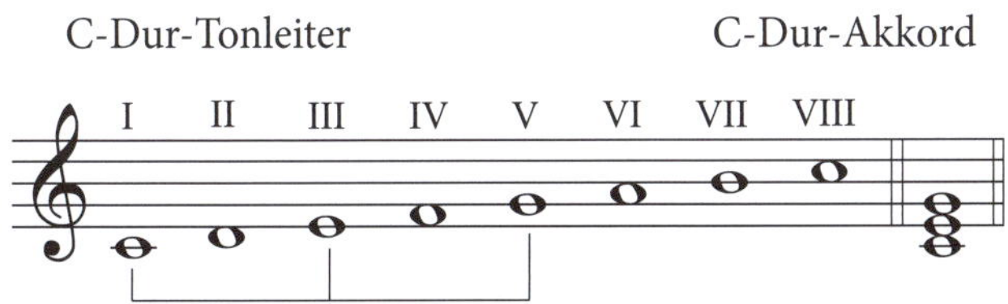

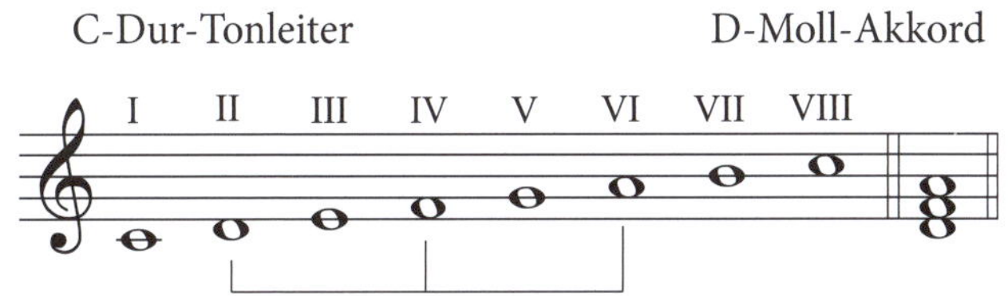

Der C-Dur-Akkord besteht aus der 1. 3. und 5. Ton seiner Tonleiter. Das sind bei C-Dur die Töne c, e, und g.

Ähnlich wird bei anderen Akkorden verfahren.

Falls du dich ausführlicher über Musiklehre speziell für Gitarre informieren willst, sei dir „Griffbrett-Theorie“ empfohlen (Schott Music, Bestell-Nr.: SPL 1036).

Rhythmus-Pyramide

Achtel- und Sechzehntelnoten werden mit Balken oder Fähnchen dargestellt. Mehrere Achtel- oder Sechzehntel-Noten werden zur besseren Übersicht mit Balken zusammengefasst.

Das Griffbrett und alle Töne

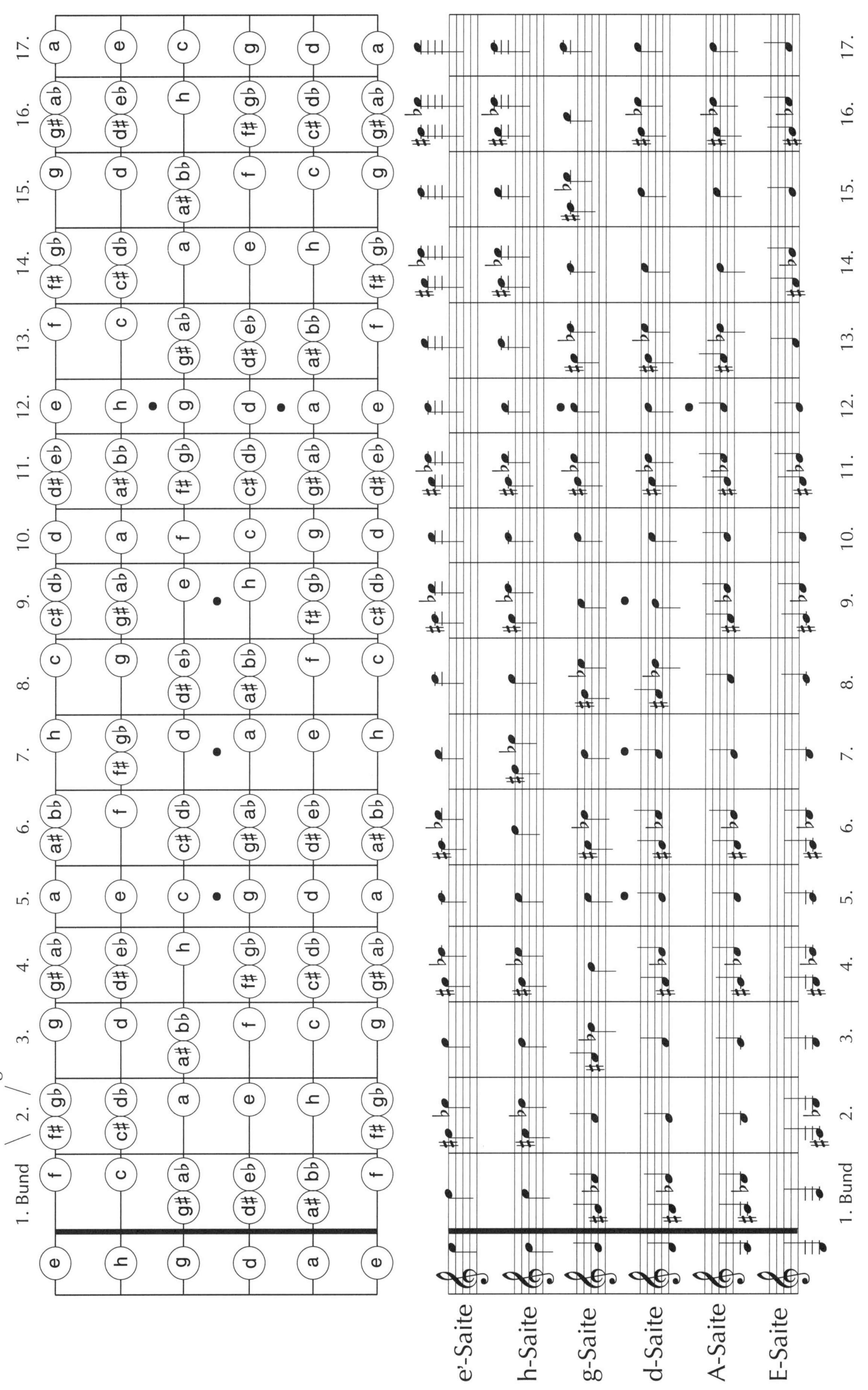

GRIFFTABELLE

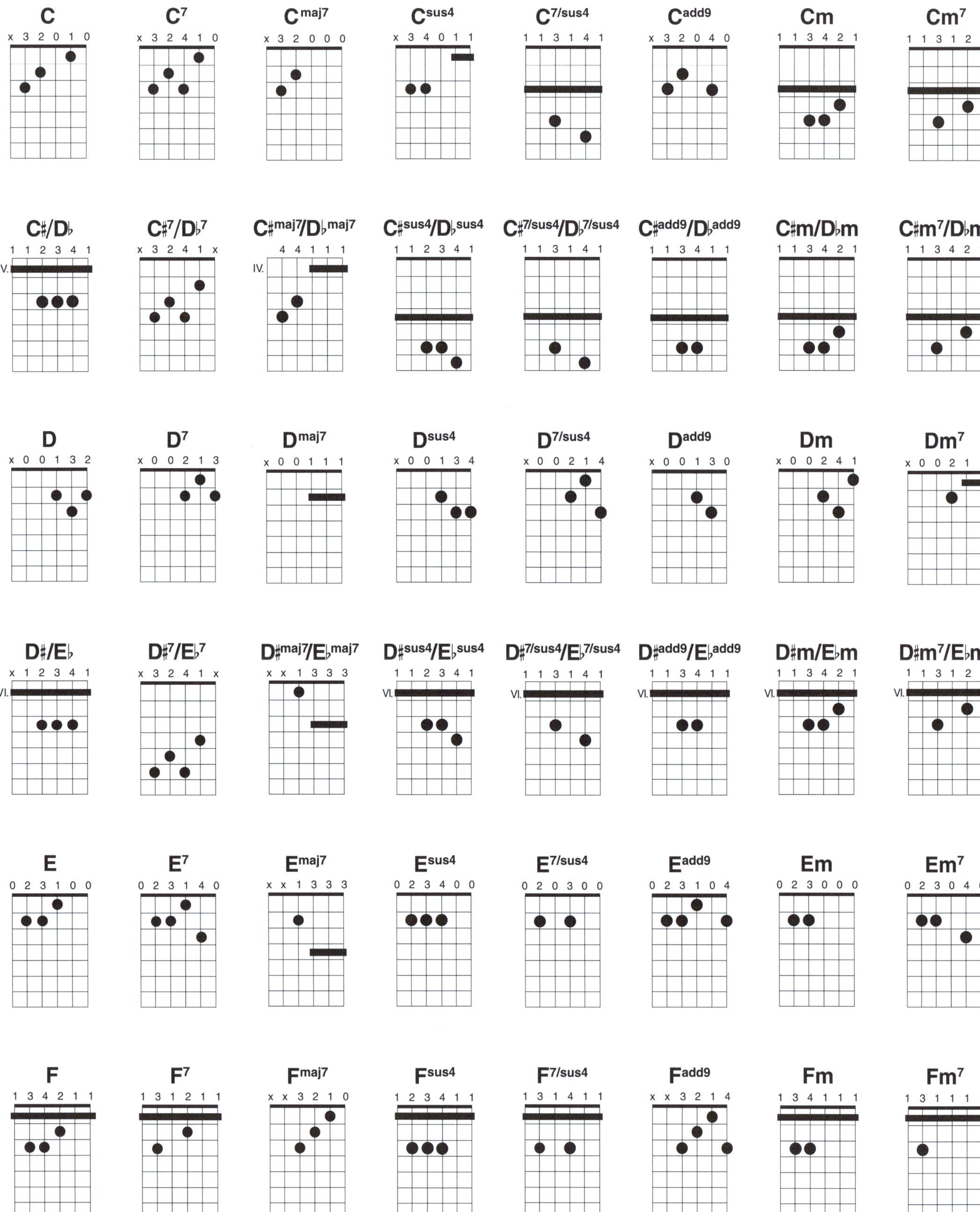

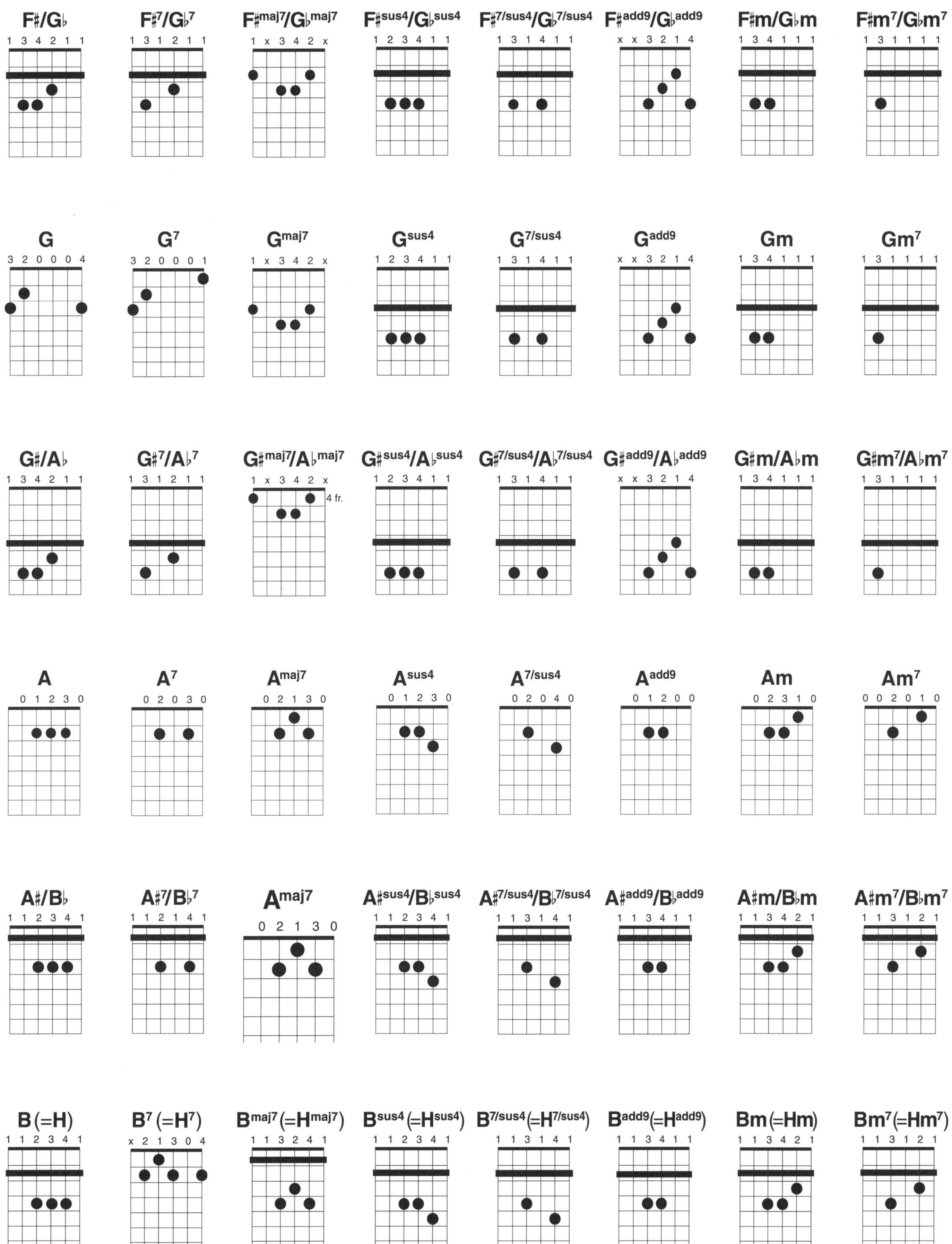
F♯/G♭
1 3 4 2 1 1
F♯7/G♭7
1 3 1 2 1 1
F♯maj7/G♭maj7
1 x 3 4 2 x
F♯sus4/G♭sus4
1 2 3 4 1 1
F♯7/sus4/G♭7/sus4
1 3 1 4 1 1
F♯add9/G♭add9
x x 3 2 1 4
F♯m/G♭m
1 3 4 1 1 1
F♯m7/G♭m7
1 3 1 1 1 1
G
3 2 0 0 0 4
G7
3 2 0 0 0 1
Gmaj7
1 x 3 4 2 x
Gsus4
1 2 3 4 1 1
G7/sus4
1 3 1 4 1 1
Gadd9
x x 3 2 1 4
Gm
1 3 4 1 1 1
Gm7
1 3 1 1 1 1
G♯/A♭
1 3 4 2 1 1
G♯7/A♭7
1 3 1 2 1 1
G♯maj7/A♭maj7
1 x 3 4 2 x
4 fr.
G♯sus4/A♭sus4
1 2 3 4 1 1
G♯7/sus4/A♭7/sus4
1 3 1 4 1 1
G♯add9/A♭add9
x x 3 2 1 4
G♯m/A♭m
1 3 4 1 1 1
G♯m7/A♭m7
1 3 1 1 1 1
A
0 1 2 3 0
A7
0 2 0 3 0
Amaj7
0 2 1 3 0
Asus4
0 1 2 3 0
A7/sus4
0 2 0 4 0
Aadd9
0 1 2 0 0
Am
0 2 3 1 0
Am7
0 0 2 0 1 0
A♯/B♭
1 1 2 3 4 1
A♯7/B♭7
1 1 2 1 4 1
Amaj7
0 2 1 3 0
A♯sus4/B♭sus4
1 1 2 3 4 1
A♯7/sus4/B♭7/sus4
1 1 3 1 4 1
A♯add9/B♭add9
1 1 3 4 1 1
A♯m/B♭m
1 1 3 4 2 1
A♯m7/B♭m7
1 1 3 1 2 1
B (=H)
1 1 2 3 4 1
B7 (=H7)
x 2 1 3 0 4
Bmaj7 (=Hmaj7)
1 1 3 2 4 1
Bsus4 (=Hsus4)
1 1 2 3 4 1
B7/sus4 (=H7/sus4)
1 1 3 1 4 1
Badd9 (=Hadd9)
1 1 3 4 1 1
Bm (=Hm)
1 1 3 4 2 1
Bm7 (=Hm7)
1 1 3 1 2 1

Audio-Tracks

01 Die Viertelnote Übung 1
02 Die Viertelnote Übung 2
03 Halbe Note und halbe Pause
04 Der Ton h Übung 1
05 Der Ton h Übung 2
06 Der Ton a
07 Der Ton c Übung 1
08 Der Ton c Übung 2
09 First Song
10 Die Achtelnote
11 Gothic Theme
12 Seesaw Dance
13 Sakura
14 Jingle Bells
15 Gubben Noack
16 Iron Core
17 So leicht
18 After Me
19 Akkordwechsel Am – E
20 Joshua Fit The Battle Of Jericho
21 Akkordwechsel G – D7
22 Merrily We Roll Along
23 What Shall We Do With The Drunken Sailor
24 Zweistimmige Liedbegleitung Übung 1
25 Zweistimmige Liedbegleitung Übung 2
26 Zweistimmige Liedbegleitung Übung 3
27 Hejo, spann den Wagen an
28 Westcoast Dream
29 Kol Dodi
30 Tom Dooley
31 Bacana
32 Rock Heroes
33 Begleitstimme
34 Übung 1
35 Übung 2
36 Michael, Row The Boat Ashore
37 Aura Lee
38 Oh, When The Saints
39 Geschlossener Anschlag Übung 1
40 Geschlossener Anschlag Übung 2
41 Kum ba yah
42 Oh, Susanna
43 Swing Low, Sweet Chariot
44 3/4 Takt Übung 1
45 3/4 Takt Übung 2
46 3/4 Takt Übung 3
47 3/4 Takt Übung 4
48 Scarborough Fair
49 Greensleeves
50 House Of The Rising Sun
51 Zupfbegleitung Übung 1
52 Zupfbegleitung Übung 2
53 Schlagbegleitung Übung
54 Skip To My Lou
55 Rock My Soul
56 Wechselbass-Übung
57 Swingphrasierung Übung 2
58 Banks Of The Ohio
59 Bluesbegleitung 1
60 Backwater Blues
61 Bluesbegleitung 2
62 New Love Blues
63 Zupfbegleitung Übung
64 Amazing Grace
65 Bella Ciao
66 Wade In The Water
67 Meditation 1
68 Meditation 2
69 Nostalgia
70 Blues In A
71 Kol Dodi (Gitarre solo)
72 Winterlights
73 Musette
74 Springtime
75 Bella Ciao (Gitarre solo)
76 Schlagbegleitung Übung
77 Schlagbegleitung Übung
78 Guantanamera
79 Go Down, Moses
80 Spanische Romanze
81 Freude, schöner Götterfunken
82 Morning Has Broken
83 Spanische Impressionen
84 He's A Pirate
85 Gavotte
86 Nobody Knows
87 Stand By Me
88 Sloop John B
89 Whiskey In The Jar
90 Country Roads
91 Viva La Vida
92 I See Fire
93 Lady In Black
94 Andante
95 Andantino
96 Tiefe E-Saite
97 A-Saite
98 d-Saite
99 g-Saite
100 h-Saite
101 Hohe e'-Saite

Gitarre: Rolf Tönnes

Die Stimmtöne (Track 96 – 101) sind aus technischen Gründen nur im MP3-Pack und nicht auf der separat erhältlichen CD T 5052 enthalten.